■ 广东省省级科技计划软科学项目:粤港澳大湾区青年大学生创新创业法律机制研究
（项目编号：2019A1010020782）

■ 广东省普通高校人文社科重点研究基地"广东金融法治创新研究院"（项目编号：2020WZJD001）

■ 2023年度广东省教育科学规划项目（高等教育专项）：ChatGPT助推广东高校涉外法治人才教育的
创新与发展（项目编号：2023GXJK406）

青年大学生创新创业政策环境挑战与对策

——以粤港澳大湾区为例

王晓宇　著

中国财经出版传媒集团

经济科学出版社
Economic Science Press
北京

图书在版编目（CIP）数据

青年大学生创新创业政策环境挑战与对策：以粤港澳大湾区为例/王晓宇著. -- 北京：经济科学出版社，2024.6

ISBN 978 - 7 - 5218 - 5723 - 8

Ⅰ.①青… Ⅱ.①王… Ⅲ.①大学生 - 创业 - 研究 - 广东、香港、澳门 Ⅳ.①G647.38

中国国家版本馆 CIP 数据核字（2024）第 060845 号

责任编辑：何　宁
责任校对：蒋子明
责任印制：张佳裕

青年大学生创新创业政策环境挑战与对策
——以粤港澳大湾区为例
QINGNIAN DAXUESHENG CHUANGXIN CHUANGYE ZHENGCE
HUANJING TIAOZHAN YU DUICE
——YI YUEGANGAO DAWANQU WEILI
王晓宇　著
经济科学出版社出版、发行　新华书店经销
社址：北京市海淀区阜成路甲 28 号　邮编：100142
总编部电话：010 - 88191217　发行部电话：010 - 88191522
网址：www. esp. com. cn
电子邮箱：esp@ esp. com. cn
天猫网店：经济科学出版社旗舰店
网址：http://jjkxcbs. tmall. com
北京密兴印刷有限公司印装
710×1000　16 开　12 印张　160000 字
2024 年 6 月第 1 版　2024 年 6 月第 1 次印刷
ISBN 978 - 7 - 5218 - 5723 - 8　定价：56.00 元
（图书出现印装问题，本社负责调换。电话：010 - 88191545）
（版权所有　侵权必究　打击盗版　举报热线：010 - 88191661
QQ：2242791300　营销中心电话：010 - 88191537
电子邮箱：dbts@ esp. com. cn）

序

在今日快速变革的时代，青年学子们正面对前所未有的挑战，但同时也拥有更多前所未有的机遇。粤港澳大湾区，作为中国经济发展的重要引擎之一，正逐渐成为全球创新创业的热点之一。王晓宇博士在本书中，立足粤港澳大湾区的发展背景，全面分析了当前青年大学生在创新创业过程中所面临的政策环境挑战。针对这些挑战，作者提出了切实可行的解决方案，为青年大学生提供了宝贵的参考。本书不仅有助于青年大学生更好地理解政策环境，更能够为他们在创新创业的道路上提供坚实的支持。

一方面，青年创新创业者在粤港澳大湾区面临着严格的政策限制和监管，包括跨境资金流动、知识产权保护、税务政策等方面的挑战。另一方面，创业环境的恢复和创新能力的不足也制约了青年创业者的发展空间。然而，粤港澳大湾区的发展潜力庞大，政府积极出台一系列政策措施来支持和引导创新创业。从《粤港澳大湾区发展规划纲要》到《粤港澳大湾区人才政策》，都为青年创新创业者提供了丰富的政策支持和发展机遇。此外，学界、产业界和社会各界也纷纷加入到支持青年创新创业的行列中，为他们打造更加良好的环境和平台。因此，青年大学生在粤港澳大湾区可以抓住这些政策机遇和发展动力，勇敢前行，敢于尝试，勇攀科技创新的高峰。希望通过不懈的努力和坚定的信念，他们能够在创新创业的道路上获得成功，为粤港澳大湾区的繁荣发展作出更大的贡献。

让我们共同期待，青年学子们在这个充满机遇和挑战的时代中，缔造属于自己的光辉未来！

长风破浪望霓裳，潮起潮落胜徽章。

大湾区内藏富地，潜力无穷不可忘。

政策束缚如丝缕，青年创客无忧航。

春风拂面舟行远，砥砺前行笑语扬。

政策环境虽有艰，创新舞台处处展。

知识产权应尊重，跨境往来繁花绽。

税务互惠促繁荣，经济蓬勃踏青岸。

创新能力持续强，创业环境更璀璨。

《大湾区规划》凝心志，培育创客勇向前。

《人才政策》引英才，璀璨青春胜云天。

学界产业共策划，支持者意坚如磐。

科技创新路虽长，青年破浪笑风帆。

香港选举委员会委员

港区全国青联委员

陈晓锋博士

2024 年 4 月 16 日

目　　录

引　言

中国改革开放 40 多年，在工业化进程中后期背景下，经济高速增长模式有着明显的以要素驱动、投资拉动的特点。进入 21 世纪第二个十年，中国经济增长逻辑正在发生变化，如何继续保持较高的经济增长水平，关键在于对产业数字化转型以及新基建等新动能的驱动，而产业的升级驱动需要进一步的创新创业作为支撑。自 2012 年中国共产党第十八次全国代表大会提出："要贯彻劳动者自主就业、市场调节就业、政府促进就业和鼓励创业的方针，实施就业优先战略和更加积极的就业政策。引导劳动者转变就业观念，鼓励多渠道多形式就业，促进创业带动就业，做好以高校毕业生为重点的青年就业工作和农村转移劳动力、城镇困难人员、退役军人就业工作"。[①] 这是我国首次将鼓励创业提升到国家战略层面。2015 年国务院办公厅印发《关于深化高等学校创新创业教育改革的实施意见》，根据党的十八大的重要部署对创新创业教育提出了明确要求。在 2017 年中国共产党第十九次全国代表大会中明确提出："提供全方位公共就业服务，促进高校毕业生等青年群体、农民工多渠道就业创业"。[②] 2022 年党的二十大报告提出，要坚持把创新作为我国现代化建设的核心，完善新型举国体制，加强国家战略科技实力，提高国家创新体系整体效率，打造具有全球竞争力的开放创新生态。因此，大力推进青年大学生创新创业工

---

① 中国共产党第十八次全国代表大会文件汇编［M］. 北京：人民出版社，2012：13.
② 习近平. 决胜全面建成小康社会　夺取新时代中国特色社会主义伟大胜利——在中国共产党第十九次全国代表大会上的报告［M］. 北京：人民出版社，2017：52.

作，构建完善的创业型经济，已经成为近年来国家以及各地政府主要的工作任务。我国当前政策环境下对于创新创业的界定更多带有价值创造属性，创新创业并非简单发明创造，而是是否与经济相结合并创造相应的社会经济价值。青年在国内创新创业领域并无明显的年龄划分标准，它更多的是代表在创新创业领域中具有较高的自我效能感、创新偏好的年轻创业群体。而大学生创业者作为社会年轻创业群体的特殊组成部分，其在创新能力、成就需求、风险偏好、内控特质方面相比其他学生和创业者更具优势。青年大学生群体作为国家未来创新创业驱动的主力军，其创新创业的活动效率以及发展情况将对未来经济活跃状况产生重要影响。

粤港澳大湾区（以下简称"大湾区"）作为国家进一步加快改革开放的经济先行示范区，需要积极响应促进青年大学生创新创业的号召，系统构建能够有效支撑推动青年大学生创新创业的法律环境。由于当前对于大湾区青年大学生创新创业的研究较为稀缺且多集中在微观层面，如对青年大学生创新创业教育等的研究，而对于宏观层面更多注重于对个别政策的实施效用分析。本书从多个维度对大湾区青年大学生创新创业法律机制进行分析，找出目前存在的问题，为创新创业法律机制的完善提供理论和实践上的建议，具有重要的指导意义。

大湾区各地政府积极响应"大众创业、万众创新"号召，陆续发布相关创新创业激励政策，并对青年大学生创新创业法律机制不断进行完善。目前，大湾区关于青年大学生创新创业的配套法律政策支持集中体现在财政补贴以及个人所得税优惠上，以建立大湾区特色创新创业孵化中心为主要载体，向青年大学生提供良好的创新创业环境。从各地政府频繁出台关于创新创业支持的办法修订文件中可以看出，在一系列政策法律激励政策实施过程中，大湾区创业法律体系的整体联系性问题仍未得到有效解决。具有良好适规性的创新创业法律环境是大湾区青年大学生创业成功的重要外部条件，有效落实"大众创业、万众创新"需要粤港澳三地政府协同联系实现高效能政策供给、供给端约束放宽、创新动能释放。在契合大湾区特色的青年大学生创新创业法律环境构建过程中需要对现有创新创业激励政策进行不断完善，同时也要不断创新青年大学生创新创业激励手段，实现在法律层面的有效支持和激励。

由于大湾区三地政策环境的复杂，加之现正处于初始磨合阶段，大湾区三地政府出台的鼓励青年大学生创新创业的政策收效有限。如何克服现有激励政策实施效用的局限，如何充分增加政策弹性，使之适用于青年大学生不同的创业需求，同时又能够有效引导青年大学生创新创业，为大湾区经济发展助力，是我们需要持续研究的重要课题。

青年大学生作为创业群体中的重要力量，是国家、社会和高校大力扶持的重点群体，虽然备受关注和重视，但却存在创业意识和能力不足，创业实践经验缺乏，资金和政策支持欠缺等问题，尤其初创期是每位创业者最艰难的阶段，最需要社会各界的帮助和扶持。[1]

国家在一定时期内出台的创新创业激励政策和方针是基于当前国情而定的，由于大湾区自身经济发展的特殊规律，不同时期的创业激励政策存在较大差异，简单地就大湾区自身创业激励政策进行修改，则难以避免自身政策存在的局限性。基于此，笔者围绕研究主题对大湾区总体经济优势和创业环境等进行分析，同时进行中外对比，对于世界其他湾区创业激励政策以及研究成果简要概况和评述，得出对大湾区的启示。另外，本书还从制度变迁的纵向角度审视大湾区创新创业激励制度进行研究，探寻和归纳总结当下大湾区青年大学生创新创业面临的法律问题，为解决当前大湾区青年大学生创新创业法律环境支持的特殊问题提供理论分析以及实践改革思路建议。

① 高伟编著. 创享·创青春：创时代创新创业协同育人案例集［M］. 北京：九州出版社，2019：1.

第1章 粤港澳大湾区青年大学生
创新创业政策环境的现状

2014年9月，李克强在第八届达沃斯论坛致辞中首次提出："大众创业、万众创新"[①]，他指出创新不单是技术创新，更包括体制机制创新、管理创新、模式创新。他在此后历年的论坛致辞中，持续向国内外传递一个重要的信号：不断深入推动创新创业，鼓励社会成员广泛参与。2019年粤港澳大湾区发展基础性文件——《粤港澳大湾区发展规划纲要》（以下简称《纲要》）在翘首企盼中正式发布，《纲要》对粤港澳大湾区的合作协调架构进行了制度创新，提出要加快国家自主创新示范区与国家双创示范基地、众创空间建设，支持其与香港、澳门特区建立创新创业交流机制，共享创新创业资源，共同完善创新创业生态，促进粤港澳青年技术、人才、产业等创新资源的深度融合，使粤港澳青年为大湾区发展注入源源动力。青年是国家和民族的希望，创新是社会进步的灵魂，创业是推动经济社会发展、改善民生的重要途径。青年大学生富有想象力和创造力，是创新创业的有生力量。全国首个聚焦青年、激发创新、鼓励创业的地方性专项立法《广州市青年创新创业促进条例》已于2023年3月1日起实施。

---

① 李克强：在第八届夏季达沃斯论坛上的致辞［EB/OL］. (2014 – 09 – 11)［2024 – 01 – 26］. http://www.gov.cn/guowuyuan/2014 –09/11/content_2748703.htm.

1.1　区域穿透及行业渗透

青年大学生创新创业的行业范围广泛，据清科研究统计，粤港澳大湾区的资本分布：投资机构有 17130 家，基金 69638 只，融资项目 9658 家，上市公司 4098 家。珠三角九市中，深圳市、广州市的创投机构数量最多。① 如图 1-1 所示，2020 年创业行业排名前三的是生产制造、企业服务以及医疗健康。2023 年，医疗健康行业仍为投资机构的热门选择，投资金额在所有行业交易额中高居榜首。②

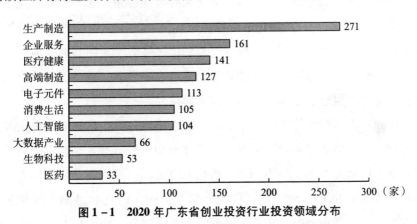

图 1-1　2020 年广东省创业投资行业投资领域分布

资料来源：清科私募通。

1.2　创新创业成果孵化场所逐步完善

2019 年 5 月，广东省人民政府发布的《关于加强港澳青年创新创业

---

①　粤港澳大湾区资本分布 [EB/OL]. (2024-01-11) [2024-01-26]. https：//www. pedata. cn/special/gba. html.

②　2023 年第三季度中国创业投资市场研究报告 [EB/OL]. (2023-12-29) [2024-01-26]. https：//report. pedata. cn/1621576273347316. html.

基地建设的实施方案》提出，要分两个阶段将创业基地打造成为粤港澳青年创新创业活力区：第一个阶段，到 2020 年，在广州南沙、深圳前海、珠海横琴三个自贸片区打造南沙港澳青年创新创业基地、前海港澳青年创新创业基地和横琴港澳青年创新创业基地，充分发挥三个基地的引领示范作用，实现港澳青年进入基地创新创业的政策障碍基本消除，资金、信息、技术、服务等"瓶颈"问题得到解决，政策衔接和服务协同初步实现，粤港澳创新创业交流合作进一步深化，港澳青年入驻基地创新创业成为常态。第二个阶段，到 2025 年，广州南沙、深圳前海、珠海横琴港澳青年创新创业示范基地辐射带动效应进一步发挥，珠三角九市各建设至少一个港澳青年创新创业基地，以粤港澳大湾区（广东）创新创业孵化基地为龙头的"1 + 12 + N"孵化平台载体布局基本建成，港澳青年创新创业的基础设施、制度保障、公共服务供给到位，粤港澳共同参与基地建设运营的体制机制基本建立，创新创业生态链进一步完善，港澳青年的国家认同感、文化归属感、生活幸福感得到全面提升。

广州市以高校为依托的大学生创业基地主要有：广东邮电职业技术学院大学生创新创业（孵化）基地、广东水利电力职业技术学院创新创业孵化基地、广州大学创客空间创业（孵化）基地、广州大学华软学院大学生创新创业（孵化）基地、广东科创大学生创业（孵化）基地、广州美术学院大学生创意创业园、广东金融学院大学生创业（孵化）基地、仲恺农业工程学院大学生创业（孵化）基地、广州医科大学大学生创新创业（孵化）基地、广东技术师范学院大学生创业（孵化）基地、广州中医药大学创业（孵化）基地、中山大学国家大学科技园创业（孵化）基地、广州番禺职业技术学院大学生创业（孵化）基地、广州航海学院大学生创业（孵化）基地、广东财经大学创业（孵化）基地、南方医科大学大学生创业基地、华南师范大学大学生创业基地、广东药科大学大学生创业基地、广东外语外贸大学学生创业基地、广东工业大学创业基地、华南农业大学创业（孵化）基地。

此外，珠三角九市的孵化平台载体布局已初见雏形。位于深圳市的基地有南山区、福田区、罗湖区和龙岗区深港青年创新创业基地、前海深港青年梦工厂、深港澳青年创新创业基地（深圳—坪山）。位于珠海的基地有横琴澳门青年创业谷。位于佛山市的基地有佛山港澳青年创业孵化基地。位于中山市的基地有中山市易创空间创业孵化基地粤港澳青年创新创业孵化区，到 2025 年建成中山翠亨新区"澳中青年"创新创业园。位于东莞市的基地有松山湖（生态园）港澳青年创新创业基地 ［《东莞松山湖（生态园）港澳青年人才创新创业专项资金管理暂行办法》］。位于惠州市的基地有仲恺港澳青年创业基地 ［《关于支持惠州仲恺港澳青年创业基地发展的若干措施（暂行)》］。位于肇庆市的基地有肇庆市港澳青年创新创业基地、肇庆国际科创中心。位于江门的基地有"侨梦苑"华侨华人创新产业集聚区。青年创新创业的平台蓬勃发展。广东已将港澳创业者纳入内地创业补贴扶持范围，并与港澳共建 13 家青年创新创业基地。据"中国孵化器"（网址：http：//www.cnfuhuaqi.com/）统计，2019 年全省粤港澳科技企业孵化载体共 124 个，截至 2020 年 7 月，13 家粤港、粤澳青年创业基地吸引 752 个港澳团队入驻，50 多个港澳青年创新创业平台不断壮大。

1.3　知识产权保护现状

粤港澳三地在知识产权的权利授予条件和程序等确权制度、保护途径、管理体制等方面存在差异。

《纲要》强调支持香港特区充分发挥在知识产权保护方面的优势，使之成为区域知识产权贸易中心。香港特区政府一直在开展知识产权保护规范化市场培育，知识产权署早在 1998 年就推行了"正版正货"计划，鼓励各零售商户加入，坚守不卖假货的原则，并建立和保持正当经营手法，让消费者识别售卖正版正货的诚实商户。① 2004 年，广东省知识产权局与香港知识产权署合作共同在两地开展"正版正货承诺"计划，截至 2010 年，先后选择了三批 11 个城市开展"正版正货承诺"活动试点。2011 年，广东省知识产权局、省版权局、省工商局联合发文，在全省 21 个地级以上市及顺德区全面开展"正版正货承诺"活动。为加强打击侵权和盗版活动，香港海关联同本地区知识产权业界成立了"保护知识产权大联盟"，以此作为一个相互沟通的平台，进一步加强香港海关与知识产权业界的合作。"保护知识产权大联盟"推行了三个合作计划：青少年打击网上盗版大使计划、"拍卖以诚、除伪守正"计划、快速行动计划，以鼓励知识产权业界的不同组别和成员建立起更紧密的合作关系。香港海关是香港特别行政区唯一负责对版权及商标侵权活动进行刑事调查及检控的部门，2018 年案件总数是 29828 件，2019 年有所上升，为 32946 件，2020 年急速下降，仅 8076 件。② 其中版权类的数据统计如表 1 - 1 所示。

表 1 - 1　　　　2018 ~ 2020 年香港海关案件、检获及拘捕（版权类）

年份	涉案人数（人）	被捕人数（人）	检获物品总值（百万元）
2018	119	143	6
2019	101	118	4
2020	62	70	1

资料来源：香港海关网站。

香港特区政府知识产权署官网建立了"粤港澳知识产权资料库"，③ 涵盖了粤港澳三地知识产权制度的网上信息。使用者可以因应不同的知识

---

① 推广活动——"正版正货承诺"计划 [EB/OL]. (2024 - 01 - 01) [2024 - 01 - 30]. https：//www. ipd. gov. hk/sc/promotion_edu/no_fakes. htm.
② 知识产权案件、检获及拘捕 [EB/OL]. (2022 - 02 - 08) [2024 - 01 - 24]. https：//www. customs. gov. hk/hcms/filemanager/common/dept_review03_04/txt_sc/html/chapter06. htm.
③ 粤港澳知识产权资料库 [EB/OL]. (2023 - 01 - 04) [2024 - 01 - 24]. https：//www. ip-prd. net/tc/home/introduction/index. html.

产权范畴，包括版权、商标、专利和外观设计，检索三地的相关法例、注册制度和政府机构等资料。《粤港保护知识产权合作协议（2017—2018年)》的签署，指明了各项工作的落实单位，进一步推动了粤港知识产权合作的快速发展。

澳门海关为保护知识产权的执法部门，在保护知识产权范围内，监察在澳门特区制造的产品生产程式、工业活动和工商业场所，根据保护知识产权的法例，海关对相关使用盗版的不法侵权行为作出严格监管。[①] 澳门海关主要通过以下手段进行支持产权保护：加强风险评估；加强与邻近地区的情报交流；与版权拥有人紧密联系；与其他政府部门紧密联系；在检查站进行检查和控制有关出口和过境的货物；不定期进行检查本地光盘制造工厂和零售站；加强执法人员对知识产权保护的专业知识；宣传进社区使大众认识有关版权保护的重要性；针对知识产权侵权投诉和报告设立24小时热线。《粤澳知识产权合作协议（2019—2020 年）》的签署，进一步强化了知识产权跨境保护。

广东省委办公厅、省政府办公厅出台《关于强化知识产权保护的若干措施》，提出 24 条贯彻措施和 8 项重点任务，在司法、行政、海关保护等方面取得很多成绩。积极推动知识产权地方立法工作，《广东省版权条例》《广东省知识产权保护条例》已于 2023 年发布实施，《深圳经济特区知识产权保护条例（修正案）》获通过，明确六种故意侵犯知识产权情节严重的情形依法适用惩罚性赔偿。广东省高级人民法院发布《关于网络游戏民事纠纷案件的审判指引》，是国内首次专门针对游戏领域相关法律问题进行规范的司法文件。[②] 珠海的横琴新区国际知识产权保护联盟于 2016 年 4月 26 日成立，在知识产权保护方面，该联盟与香港中小型企业联合会、澳门连锁加盟商会签订了《琴澳两地商标知识产权跨境保护与服务合作协

---

　① 海关揭发首宗非法使用澳门特区政府区徽图案 一灯具公司被起诉［EB/OL］．（2013 -12 - 5）［2024 - 01 - 24］. https：//www. gov. mo/zh - hans/news/80633/.
　② 2020 年广东省知识产权保护状况 ［EB/OL］．（2021 - 04 - 26）［2024 - 01 - 30］. http：//amr. gd. gov. cn/zwgk/sjfb/xsfx/content/post_3269741. html.

议》，建立商标知识产权跨境保护与服务合作机制。同时，该联盟与横琴法院签订《关于共建中国（广东）自由贸易试验区珠海横琴新区片区知识产权侵权惩罚机制合作备忘录》。珠三角九市从行政保护、会展保护、司法保护等各个方面加强知识产权保护。例如，专项资金、专利执法、快速维权；设立知识产权保护中心、知识产权纠纷投诉接待站等；依法履行审判职责、深化司法体制配套改革等。

尽管知识产权保护的力度一直在增强，但其效果尚未达到理想水平，可能的原因如下：第一，知识产权侵权案件频繁且日益复杂，处理难度加大。第二，知识产权保护之间存在协调障碍，联动机制亟待改善。以专利权保护为例，内地采用司法和行政双轨制，澳门特区虽然也实行司法和行政保护，但行政法保护相对而言更以防范、打击和遏制为主。香港特区则通常通过司法途径以禁令、损害赔偿方式或救济来进行保护。第三，不同地区间的知识产权管理体制差异较大，不利于跨区域合作。例如，珠三角九市采用分散管理模式，而港澳地区则实行统一综合管理。第四，管理体制与新兴产业、新型业态的快速维权需求不协调。当前知识产权维权过程漫长、成本高、索赔困难、赔偿较低，企业常常取得官司胜诉却在市场上失利。第五，企业在海外的知识产权布局不足，应对纠纷不够有力。随着大湾区企业"走出去"的增多，其在海外面临的知识产权问题日益突出。许多企业由于海外知识产权布局不足、纠纷处置不力而错失市场机会，遭受重大损失。第六，粤港澳三地的知识产权政策存在差异，管理机制不统一，服务平台不畅通，存在信息壁垒。

针对知识产权侵权问题，2019年，我国知识产权法律法规进一步完善。首先，将恶意侵犯商标专用权的赔偿额由1倍以上3倍以下提高到1倍以上5倍以下；将法定赔偿额上限从300万元提高至500万元；推进专利法及其实施细则、著作权法以及植物新品种保护条例的修订。

针对知识产权保护联动机制不完善问题，中共中央办公厅、国务院办公厅印发实施《关于强化知识产权保护的意见》，着眼于统筹推进知识产权保护，从审查授权、行政执法、司法保护、仲裁调解、行业自律等环节，改革完善保护工作体系，综合运用法律、行政、经济、技术、社会治理手段强化保护，促进保护能力和水平整体提升。例如，广州市市场监管局（知识产权局）与广州知识产权法院签订加强知识产权保护合作协议，旨在加强合作，实现共赢：双方共同建立互助办案机制，强化司法与行政执法的协同配合，促进裁判标准统一；共同建立保护成果共享机制，互通互用知识产权行政保护和司法保护成果等措施。

　　针对管理体制不同的问题，内地的知识产权综合管理一直在进行之中，2016 年 12 月 30 日，国务院办公厅正式印发《知识产权综合管理改革试点总体方案》。2017 年 7 月，第一批确定在福建厦门、山东青岛、广东深圳、湖南长沙、江苏苏州和上海徐汇区 6 个市（区）级层面开展知识产权综合管理改革。2018 年 3 月 21 日，中共中央印发《深化党和国家机构改革方案》中提出重新组建国家知识产权局，特别强调其综合管理和保护的职能：强化知识产权创造、保护、运用，是加快建设创新型国家的重要举措。目的是解决商标、专利分头管理和重复执法问题，完善知识产权管理体制。

　　针对知识产权体制与新产业新业态快速维权需求不相适应问题，作为粤港澳大湾区唯一一家知识产权审判专门法院，广州知识产权法院①为营造大湾区法治化国际化营商环境提供有力司法服务保障。针对技术查明等难题，在全国法院中率先建立技术调查官制度，出台了《关于技术调查官参与审理案件范围的规定》，首次确立了技术调查官参与审理案件范围、技术调查意见效力，为复杂技术类案件提供了高效智力支撑；在知识产权惩罚性赔偿机制未完善的情形下，广州知识产权法院在全国率先出台了惩罚性赔偿制度办案指引，提高侵权代价和违法成本，让侵权人付出沉重代价；针对知识产权案件审理周期长这一问题，广州知识产权法院探索组建二审速裁团队，四成以上的知识产权纠纷案件以速裁方式结案，案件平均

---

① 护航大湾区建设的"广知力量"［EB/OL］.（2021 - 04 - 29）［2024 - 01 - 30］. https：//mp. weixin. qq. com/s/IlvG04sfiYPRdQeT6mvCIA.

审理周期大大缩短。

　　针对粤港澳三地的信息壁垒问题，2020 年 8 月，为进一步深化内地与澳门特区在知识产权领域的交流与合作，营造更加有利于创新和可持续发展的环境，国家知识产权局和澳门特区政府经济局在 2003 年签署的《关于在知识产权领域合作的协议》基础上，换文签署了《国家知识产权局和澳门特别行政区政府经济局关于深化在知识产权领域交流合作的安排》（以下简称《安排》）。根据《安排》，国家知识产权局和经济局将深化在专利实质审查、发明专利延伸、专利和商标信息自动化、知识产权信息交流、人员培训以及共同举办研讨会与技术交流会议等方面的交流合作。在国家知识产权局的大力协助与支持下，为专利申请人提供了更便捷到位的保护途径，为科技研发及技术转移创造了更有利的环境。2020 年 9 月，粤港澳大湾区知识产权调解中心成立，调解规则、结果三地互认。粤港澳大湾区知识产权交易博览会从 2017 年起已经成功举办了五届，取得了一系列重要成果，成为集聚国际国内知识产权资源，在粤港澳大湾区交流交易、转化落地的重要交易博览盛事，[1] 为服务粤港澳大湾区建设作出了积极贡献。

1.4　政策优惠循序渐进

1.4.1　营造宜居宜业宜游的优质生活圈

　　在住房保障方面，2019 年 4 月广东省通过《发挥广州国家中心城市优势作用支持港澳青年来穗发展行动计划》，针对来广州发展的港澳青年

---

　　① 2020 知交会"云端"启幕［EB/OL］.（2022 - 03 - 31）［2024 - 01 - 30］. https：//xw. qq. com/cmsid/20201114 AOONOIOO.

住房方面的需求，市、区将筹建 1000 套港澳人才公寓，鼓励符合条件的港澳青年申请租住。2019 年 5 月广东省人民政府印发《关于加强港澳青年创新创业基地建设的实施方案》，其中第 8 条强调，要满足港澳青年多层次住房需求。支持符合条件的港澳青年租住人才住房、入住人才驿站；探索多种方式，对具备购房能力且符合购房条件的港澳青年，支持其购买商品住房。将入驻创新创业基地中符合条件的港澳青年纳入当地公租房保障范畴。探索发展共有产权住房，对符合相应条件的港澳青年，支持其购买共有产权住房。在交通出行方面，《纲要》指出，将构筑大湾区快速交通网络。以连通内地与港澳以及珠江口东西两岸为重点，构建以高速铁路、城际铁路和高等级公路为主体的城际快速交通网络，力争实现大湾区主要城市间 1 小时通达。加强港澳与内地的交通联系，推进城市轨道交通等各种运输方式的有效对接，构建安全便捷换乘换装体系，提升粤港澳口岸通关能力和通关便利化水平，促进人员高效便捷流动。在教育方面，2021 年 4 月广州市教育局召开专题新闻发布会声明，广州市将加强与香港、澳门和粤港澳大湾区城市的合作联动，大力促进各类办学要素在大湾区便捷流动、优化配置，不断集聚优质教育资源。积极为港澳籍适龄青少年儿童提供多元化且有质量的基础教育公共服务，并大力支持建设优质民办学校、港澳子弟学校和外籍人员子女学校，开办港澳子弟班，满足港澳籍适龄青少年多样化入学需求，为港澳青年在广州市创新创业解决后顾之忧。在医疗卫生方面，《纲要》明确提出，塑造健康湾区，密切医疗卫生合作。粤港澳三地达成了《粤港澳大湾区卫生与健康合作框架协议》，并签署了《粤港澳大湾区卫生健康合作共识》，合作不断深入，合作机制不断完善，建立健全医疗服务跨境衔接机制，促进粤港澳医疗卫生行业管理规则衔接、机制对接，方便港澳居民在内地看病就医，为港澳居民来内地办医提供便利。粤港澳三地深入合作，政府在住房、交通、教育、医疗等方面为粤港澳大湾区建设宜居的优质生活圈提供强有力的政策优惠。

2019 年 5 月，深圳市前海管理局关于印发《〈关于支持港澳青年在前海发展的若干措施〉实施细则》的通知，第五章第二十六条，对于满足条件的港澳青年，分别一次性给予大专（含副学士）1万元、本科生1.5万元、硕士2.5万元、博士3万元租房资助。2020年10月，广州市人民政府办公厅公布《全方位支持港澳青年来穗发展》，通知中强调：成立广州市港澳青年创新创业服务中心，开辟港澳事项服务专窗和"12355"港澳青年热线。推进港澳居民及其子女纳入全市医疗保障范围，在广州的6551名港澳居民参加养老保险、2.3万名港澳学生同等享有医疗保险。出台港澳居民子女在广州市接受义务教育政策，在11所学校开设港澳子弟班。为港澳居民定向提供人才公寓872套。在大湾区率先推出个人所得税优惠政策实施细则，切实降低境外高端紧缺人才税负。

《广东省内海关全面落实两会部署支持广东稳住外贸外资基本盘若干措施》提出，全力服务国家重大战略在广东顺利实施，建设粤港澳大湾区"一小时生活圈"，广东省与澳门特区、香港特区政府共同努力，推进粤港澳大湾区口岸改造建设，落实深圳湾口岸24小时通关，在深圳莲塘口岸复制推广"一站式"通关模式。口岸改造建设加速，折射粤港澳大湾区着力推动人流、物流、资金流、信息流自由流通。粤港海关"跨境一锁"计划启动，至今已覆盖香港国际机场等12个主要清关点、广东境内6个公路口岸和53个海关监管作业场所，涵盖大湾区内地9市。据海关总署广东分署统计，"跨境一锁"试点货车中，平均每日约有10车次货物无须在香港陆路口岸查验。在香港段，可节省约20个工作小时的查验时间；在内地段，每次进口通关时间节省约26分钟。缩短了通行的难度，直接方便了粤港澳大湾区的内部人员流动，吸引更多的旅客到大湾区旅游。

1.4.2 税收优惠政策

普惠性税收优惠政策包括增值税小规模纳税人销售额未超限额免征增值税、阶段性减免增值税小规模纳税人增值税、增值税小规模纳税人减免资源税等"六税两费"、个体工商户个人所得税减半政策、小型微利企业减免企业所得税。高校毕业生作为特殊群体还能享受特殊的税收优惠，根据 2019 年财政部《关于进一步支持和促进重点群体创业就业有关税收政策的通知》，自 2019 年 1 月 1 日至 2021 年 12 月 31 日，对持《就业创业证》（注明"自主创业税收政策"或"毕业年度内自主创业税收政策"）或《就业失业登记证》（注明"自主创业税收政策"）的人员，包含毕业年度内实施高等学历教育的普通高等学校、成人高等学校应届毕业的学生，如从事个体经营的，自办理个体工商户登记当月起，在 36 个月内按每户每年 12000 元为限额依次扣减其当年实际应缴纳的增值税、城市维护建设税、教育费附加、地方教育附加和个人所得税。广东省的限额标准为每户每年 14400 元。纳税人的实际经营期不足 1 年的，应当以实际月数换算其减免税限额，换算公式为：减免税限额 = 年度减免税限额 ÷ 12 × 实际经营月数。可叠加享受小微企业普惠性税收优惠政策。高校毕业生直接在纳税申报时自行申报享受，无须到人力资源社会保障部门办理《就业创业证》。[①]

由于粤港澳三地的税收存在十分明显的差异，以上政策只是适当减缓了跨境资金单向流动的增速，要想从根本上让资金在粤港澳三地流转起来，仍需将三地融为一个整体，因此，区域性税收协调是粤港澳大湾区经济一体化的必然要求。目前以个人所得税协调为代表的直接税协调政策已扩展至整个大湾区，内地在企业所得税税基协调方面也在逐步探索将境外所得由抵免法改为免税法的可行性。在税制结构方面，香港、澳门特区以直接税为主，而增值税作为内地的第一大税种，在财政收入中仍占有较大比重。推进以增值税为代表的间接税协调主要是内地自我优化调整的过程，也是目前大湾区税收协调的关键，下一步还需逐步扩大包括关税在内的其他间接税的协调范围。

---

① 高校毕业生创业税收优惠政策简介［EB/OL］.（2021 – 06 – 01）［2024 – 01 – 30］. http：// guangdong. chinatax. gov. cn/gdsw/zssw_nsrwkt_sphg_zbsp/2021 – 07/13/ffd89a9ee76944e994e6cf49839 0084d/files/9d47f46e4b4a4220b265fa55f779754c. pdf.

1.4.3 经营优惠政策

大多数创业者在创业初期会遇到资金短缺的问题，对于青年大学生创业者来说，这个问题显得更为突出。广东省针对中小企业经营初期的普惠政策明晰，截至 2020 年 12 月底，广东"中小融"平台累计入驻金融机构374 家，发布惠企政策 248 条，实现融资逾 377 亿元。2020～2022 年，广东省财政厅计划安排预算资金 6582.32 万元，支持省有关部门建立"中小融"平台，为中小企业提供信息收集、信用评价、线上融资对接、增信、产业金融服务等一体化线上智能金融服务。① 2020 年 9 月起施行的《保障中小企业款项支付条例》强调，机关、事业单位和大型企业不得要求中小企业接受不合理的付款期限、方式、条件和违约责任等交易条件，不得违约拖欠中小企业的货物、工程、服务款项。这有力地优化了政府采购营商环境，维护了中小企业的利益。2018 年国务院办公厅发布《国务院办公厅关于聚焦企业关切进一步推动优化营商环境政策落实的通知》，坚决破除各种不合理门槛和限制，营造公平竞争市场环境、推动外商投资和贸易便利化，提高对外开放水平、进一步减轻企业税费负担，降低企业生产经营成本等方面作出了一系列的要求。

---

① 广东"中小融"平台为中小企业融资超 377 亿元［EB/OL］.（2021 - 07 - 15）［2024 - 01 - 26］. http：//czt. gd. gov. cn/ztjj/2021gdlh/gdczzyn/content/post_3180533. html.

第 2 章　粤港澳大湾区的总体创新创业优势

大湾区由 9 个珠三角城市和两个特别行政区的城市跨境创新融合而成，总面积 5.6 万平方千米，2022 年末总人口约 8630.11 万人，经济总量超 13 万亿元人民币[①]，是世界面积最大、人口最多的湾区。在产业集群的结构优势上，依托珠三角地区强大的制造能力，大湾区形成了以电子信息、汽车、家电为主导的新兴产业体系，聚集了华为、广汽、比亚迪、格力、广数等创新能力强的龙头企业，给大湾区的经济发展提供了重要支撑力量。大湾区的工业转型为青年大学生创新创业提供了成功模式的可借鉴化，为创业领域提供了优势互补的机会，并加速了创新资源和成果的转化。随着粤港澳三地之间的交流合作不断深化，粤港澳大湾区的经济实力、区域竞争力的优势也日渐凸显，从地理位置、交通网络、政策、制度、教育人才、经济基础、创新氛围等方面来看，大湾区已经具备创新创业的基础环境和基本条件。

2.1　地理位置优越、交通网络发达

大湾区地处珠江入海口附近，南临南海，总体区位条件优越。大湾区以广州市为中心呈辐射状联动式分布，围绕极点、轴带、辐射面进行布

---

① 粤港澳大湾区经济总量突破 13 万亿元人民币 [EB/OL]. (2023 – 02 – 22) [2024 – 01 – 19]. https：//www. gov. cn/xinwen/2023 – 03/22/content_5747768. htm.

局，使各个城市群之间具有显著的交通来往便利性和经济同步活跃性。随着城市交通的发展，企业的运输成本将进一步降低，企业之间的联系也更加紧密。

《粤港澳大湾区城际铁路建设规划（2020—2030 年）》为大湾区的 9 城 2 区规划建设 13 个城际铁路和 5 个枢纽工程项目，总里程约 775 公里，构建大湾区主要城市间 1 小时通达、主要城市至广东省内地级城市 2 小时通达、主要城市至相邻省会城市 3 小时通达的交通圈，目标是将大湾区打造成为"轨道上的大湾区"。①

广东省发改委公布的《广东省综合交通运输体系发展"十四五"规划》设立目标，即到 2025 年基本实现"12312"出行交通圈以及"123"快货物流圈，即珠三角地区内部主要城市间 1 小时通达、珠三角地区与粤东粤西粤北地区 2 小时通达、与国内及东南亚主要城市 3 小时通达、与全球主要城市 12 小时左右通达；省内 1 天送达，国内及东南亚主要城市 2 天送达，全球主要城市 3 天送达。②

城际高铁线路网络的建设，将为大湾区与其他省份以及区内的交通提供高效连接，大大缩短了大湾区各个城市之间的通勤时间，使得跨境人员往来交流更加便利、高效。例如，2018 年 9 月 23 日广深港高铁正式通车后，深圳到香港仅需 14 分钟，广州到香港需 48 分钟。2023 年 9 月 29 日深圳湾口岸与港珠澳大桥澳门口岸跨境客运班线开通，11 月 1 日，通过港珠澳大桥往返大桥珠海口岸和深圳湾口岸的跨境客运班线正式运营，首次通过大桥实现了深圳与珠海的客流互通，每天往返 21 班，车程只需约 75 分钟。2023 年 11 月 28 日深中通道主线正式贯通，预计 2024 年通车后，珠江口东西两岸的深圳市和中山市将进入"半小时生活圈"。2023 年 12

---

① 关于粤港澳大湾区城际铁路建设规划的批复［EB/OL］.（2021 – 09 – 01）［2024 – 01 – 25］. https：//www. ndrc. gov. cn/xwdt/tzgg/202008/t20200804_1235524_ext. html.

② 广东省人民政府办公厅关于印发《广东省综合交通运输体系"十四五"发展规划》的通知（粤府办〔2021〕27 号）［EB/OL］.（2021 – 09 – 29）［2024 – 01 – 25］. http：//www. gd. gov. cn/zwgk/wjk/qbwj/yfb/content/post_3554890. html.

月 26 日大湾区首个铁路现代综合枢纽广州白云站正式通车。位于大湾区西部的佛山高明区珠三角枢纽（广州新）机场项目建设于 2024 年动工，广湛、深南、珠肇等高铁在加快建设。

轨道交通的快速建成，进一步实现了人流、物流、信息流的快速交流，也为港澳青年大学生赴内地学习、调研、就业、创业、生活提供更加便利的条件，让更多的青年大学生投身创新创业而不再因地理环境和交通设施状况而产生顾虑和犹豫。随着大湾区的青年大学生创新创业意愿不断增强，并通过不断地跨区域交流学习在新型产业结构的探索中呈现出了更多的合作空间和业态模式。水陆空铁立体交通格局的构建，有利于国内游客和商务旅行者往来和赴外交流学习，更大的连通性也会刺激二三线城市的房地产市场和外商投资，从而为青年大学生创新创业提供了更多更好的发展方向。

2.2　政策优惠、制度创新

《粤港澳大湾区发展规划纲要》实施后，各个城市随即颁布了一系列政策优惠，以期推动大湾区各个城市之间的协同发展和鼓励青年大学生创新创业。

2.2.1　人才引流的优惠政策

人才是指具有一定的专业知识或专门技能，进行创造性劳动并对社会作出贡献的人，是人力资源中能力和素质较高的劳动者。人才是我国经济社会发展的第一资源。

广州市在优化人才政策体系方面走在前列，于 2019 年 5 月 17 日出台大湾区首个城市人才发展战略性文件《中共广州市委　广州市人民政府关于实施"广聚英才计划"的意见》（以下简称"广聚英才计划"），"广聚英才计划"提出了人才新政 19 项，随后陆续出台了《广州市人才公寓管理办法》《广州市促进人力资源服务中介机构创新发展办法》等一系列相关配套文件。① 加上此前于 2016 年发布的广州市产业领军人才"1+4"政策②、2018 年发布的广州市高层次人才支持政策③、2019 年广州市"菁英计划"留学项目④等人才政策，紧紧围绕"湾区所向、港澳所需、广州所能"，对标国际一流，打造引领大湾区的人才支持体系，突出问题导向，补齐制约人才事业发展的短板弱项，彰显广州基因，构建差异化人才竞争优势。⑤

对于高层次人才的吸引，广州市承诺了丰厚的待遇、开辟了引进人才的绿色通道。2019 年《关于加快新时代博士和博士后人才创新发展的若干意见》⑥ 明确，省财政对国（境）外优秀博士来粤从事博士后研究和工作的给予生活补贴；出站后留在广东省工作的，省财政给予住房补贴。省财政投入 10 亿元用于设立创新创业基金，通过股权投资、贷款担保贴息、风险补偿等市场化机制，支持博士和博士后创新创业项目。2023 年《广州市人才绿卡制度实施办法》指出：要加快推进大湾区高水平人才高地建设，支持广大人才在广州创新创业。⑦

除了收入待遇之外，由于近十年全国房价的走势，人才流动受限的重

---

① 任务 71 ［EB/OL］.（2020 – 03 – 09）［2024 – 01 – 26］. http：//www. gz. gov. cn/zwgk/zdg-zlsqk/2019nzdgz/sjkjskjcxqs/content/post_5729632. html.

② "1"即《中共广州市委　广州市人民政府关于加快集聚产业领军人才的意见》（穗字〔2016〕1 号），"4"即 4 个配套文件《羊城创新创业领军人才支持计划实施办法》《广州市产业领军人才奖励制度》《广州市人才绿卡制度》《广州市领导干部联系高层次人才工作制度》。

③ 包括《广州市高层次人才认定方案》《广州市高层次人才服务保障方案》和《广州市高层次人才培养资助方案》。

④ 广州市"菁英计划"留学项目实施办法 ［EB/OL］.（2019 – 12 – 30）［2024 – 01 – 26］. http：//rsj. gz. gov. cn/attachment/6/6974/6974024/7758273. pdf.

⑤ "广聚英才计划"解读及主要人才政策 ［EB/OL］.（2019 – 08 – 26）［2024 – 01 – 26］. https：//www. gzrcwork. com/Index/detail/17735.

⑥ 关于加快新时代博士和博士后人才发展的若干意见 ［EB/OL］.（2018 – 02 – 02）［2024 – 01 – 26］. http：//rsj. gz. gov. cn/ywzt/rcgz/bsh/tzgg/content/post_2410502. html.

⑦ 广州市人民政府办公厅关于印发广州市人才绿卡制度实施办法的通知 ［EB/OL］.（2023 – 06 – 20）［2024 – 01 – 26］. https：//www. gz. gov. cn/zwgk/fggw/sfbgtwj/content/post_9059204. html.

要原因之一即住房等安居问题，为此，深圳市于 2014 年 12 月 1 日发布、2020 年 3 月 7 日修正了《深圳市人才安居办法》，采取实物配置和货币补贴两种方式实施，以保障深圳市经济社会发展需要的各类人才可以安居。①

2019 年深圳市人民政府印发《深圳市支持金融人才发展的实施办法》，为贯彻落实粤港澳大湾区发展规划，鼓励本市金融机构设立大学生实习基地，实施大学生实习补助项目，每年吸引 1000 名全球知名高校的优秀在校大学生实习，对连续实习 6 周以上的，按照本科生 2000 元/人、硕士研究生 3000 元/人、博士研究生 5000 元/人的标准，给予一次性实习补贴。②

深圳市见证了内地与香港特别行政区（以下简称"香港特区"）人才合作交流的很多"第一"，首个深港青年创新创业基地早在 2013 年即在深圳南山云谷创新产业园正式揭牌。首届"深港青年创新创业节"于 2015 年以"鲲鹏汇、创业圈，遇见青春合伙人"为主题在龙岗区天安数码城举行系列活动。2016 年首届前海深港青年创新创业大赛宣讲会在前海深港青年梦工场创业学院报告厅隆重举行。

香港特区早在 2006 年就推出优秀人才入境计划③（Quality Migrant Admission Scheme，以下简称"优才计划"），2015 年时任香港特区行政长官梁振英在 2015 年施政报告中优化了优才计划，它将强化作为吸纳人才以应对香港特区中、长期经济发展的功能。《优秀人才入境计划 2019 年度获分配名额的申请人统计资料》显示，获分配名额的申请人，来自内地的有 803 名，占 92%。科技人才入境计划④使合资格的公司可以申请输入非本

　① 深圳市人才安居办法［EB/OL］.（2020 – 03 – 07）［2024 – 01 – 26］. http：//www. sz. gov. cn/szsrmzfxxgk/zc/gz/content/post_9453719. html.

　② 深圳市人民政府关于印发支持金融人才发展实施办法的通知［EB/OL］.（2020 – 02 – 27）［2024 – 01 – 26］. http：//www. sz. gov. cn/zfgb/2020/gb1138/content/post_6751045. html.

　③ 香港优秀人才入境计划［EB/OL］.（2023 – 12 – 29）［2024 – 01 – 26］. https：//www. immd. gov. hk/hks/services/visas/quality_migrant_admission_scheme. html.

　④ 香港科技人才入境计划［EB/OL］.（2023 – 12 – 29）［2024 – 01 – 26］. https：//www. immd. gov. hk/hks/services/visas/TECHTAS. html.

地科技人才到香港特区从事研发工作。输入内地人才计划①使得具备香港特区所需而又缺乏的特别技能、知识或经验的内地中国居民，可以申请赴香港特区工作。

根据财政部、税务总局《关于粤港澳大湾区个人所得税优惠政策的通知》对在大湾区工作的境外（含港澳台）高端人才和紧缺人才给予补贴，按内地与香港特区个人所得税税负差额，补贴免征个人所得税。

根据《广州市关于实施粤港澳大湾区个人所得税优惠政策财政补贴管理办法》（2023 年修订）②第三条规定，"在广州市行政区域范围内工作、符合条件的境外人才，其在广州市缴纳的个人所得税已缴税额超过其按应纳税所得额的 15% 计算的税额部分，给予财政补贴。该补贴免征个人所得税。每个纳税年度每个纳税人的个人所得税财政补贴额最高不超过 500 万元。"

2.2.2　鼓励创新创业的税收政策

2022 年中国国家税务总局更新了《"大众创业　万众创新"税费优惠政策指引》③，梳理归并成 120 项税费优惠政策措施，覆盖企业初创、成长、成熟整个生命周期。高校毕业生作为特殊群体还能享受特殊的税收优惠，根据税费优惠政策，2019 年 1 月 1 日至 2025 年 12 月 31 日，持《就业创业证》（注明"自主创业税收政策"或"毕业年度内自主创业税收政策"）的毕业年度内高校毕业生从事个体经营的，自办理个体工商户登记

---

① 香港输入内地人才计划［EB/OL］.（2023 - 12 - 29）［2024 - 01 - 26］. https：//www. immd. gov. hk/hks/services/visas/ASMTP. html.

② 广州市财政局　广州市科学技术局　广州市人力资源和社会保障局　国家税务总局广州市税务局印发《广州市关于实施粤港澳大湾区个人所得税优惠政策财政补贴管理办法（2023 年修订）的通知》穗财规字［2023］4 号［EB/OL］.（2023 - 13 - 28）［2024 - 01 - 26］. https：//czj. gz. cn/gkmlpt/content/9/9410/mpost_9410068. html#601.

③ "大众创业　万众创新"税费优惠政策指引［EB/OL］.（2022 - 05 - 21）［2024 - 01 - 26］. https：//www. chinatax. gov. cn/chinatax/n810341/n810825/c101434/c5175498/content. html.

当月起，在 3 年内按每户每年 12000 元为限额依次扣减其当年实际应缴纳的增值税、城市维护建设税、教育费附加、地方教育附加和个人所得税。限额标准最高可上浮 20%，各省、自治区、直辖市人民政府可根据本地区实际情况在此幅度内确定具体限额标准。①

2.2.3　人才发展的机制改革

2016 年中共中央印发《关于深化人才发展体制机制改革的意见》提出，要促进青年优秀人才脱颖而出、建立健全对青年人才普惠性支持措施，鼓励和支持人才创新创业，总结推广各类创新创业孵化模式，打造一批低成本、便利化、开放式的众创空间。②

深圳前海开发区为鼓励港澳青年大学生来前海开发区就业创业，率先建设粤港澳青年创新创业基地，对引进的港澳青年毕业生给予一次性就业资助，并给予用人单位招用和实习补贴，对于在前海具有创业意愿的青年大学生，将会在创业启动、创业成本、重点项目、上市奖励等环节给予资金和技术扶持。前海开发区利用金融先行先试优势，通过"金融 + 人才"模式支持人才创新创业。针对人才群体创新保险业务，鼓励前海保险机构建立人才创新创业风险补偿机制，探索并设立与香港特区接轨的律师、医生、会计师、建筑师等职业责任保险产品，为跨境人才提供定制化的执业、健康、养老等保险保障及增值服务。

2.2.4　营商环境的举措优化

优化营商环境是助力大湾区发展的强大引擎，大湾区各地区、各城市

---

① 又是一年毕业季！高校毕业生创业税费扣减政策了解一下［EB/OL］.（2023 - 07 - 04）［2024 - 01 - 26］. https：//www. chinatax. gov. cn/chinatax/n810356/n3010387/c5207120/content. html.

② 中共中央印发《关于深化人才发展体制机制改革的意见》［EB/OL］.（2016 - 03 - 21）［2024 - 01 - 26］. http：//www. gov. cn/xinwen/2016 - 03/21/content_5056113. htm.

将优化营商环境作为提升区域吸引力、增强工业企业竞争力的重要抓手，出台了一系列政策举措。

广州市率先在大湾区开展优化营商环境地方立法，《广州市优化营商环境条例》为打造法治化营商环境提供"广州样本"，该条例首次在地方立法中提出建设产业供应链数字化平台，强化应急用工、物流与供应链协同调度和监测预测能力，建立产业供应链风险预警和应对机制，加强社会预期管理，促进企业稳定发展。条例的第七条规定，"市人民政府应当立足于粤港澳大湾区核心城市的功能定位，推动粤港澳全面合作示范区建设，加强与粤港澳大湾区相关城市的协同驱动，推动市场规则衔接和政务服务体系协作，着力形成要素自由流动的统一开放市场，打造具有国际竞争力的粤港澳大湾区区域一体化营商环境。"①

深圳通过"四个千亿计划"，下调失业保险费、降低工伤保险缴费费率、对于亏损满一年的民营企业可以申请降低公积金缴存比例和缓交住房公积金等政策来降低企业生产经营成本；增加中小微企业银行贷款的风险补偿池、提高风险补偿贷款余额上限、扩大贷款受益群体等方式来缓解融资难融资贵的紧张局面；通过让利等措施吸收社会资金、引导股票质权人开展配套授信等举措来建立长效平稳发展机制；开展创新型高成长企业培育行动、加大产业链的关键环节引导等推动方式来支持企业做优做强。

2.3　教育资源丰富、人才聚集

大湾区作为我国高等教育集群地带之一，拥有高度密集的大学集群、各种丰富的教育资源和较强的人才吸引力。广东省坐拥着如中山大学、华南理工大学等教育部直属高校以及深圳大学等新兴实力高校，而港澳地区

① 广州市优化营商环境条例 ［EB/OL］. （2020 - 12 - 10） ［2024 - 01 - 26］. https：//flk. npc. gov. cn/detail2. html？ ZmY4MDgwODE3N2U3NWY4ODAxNzg0MzZjY2IwZjVmZWY.

也集聚着多所国内外知名高等学府。粤港澳三地丰富的高校资源、高水平的重点实验室与科研机构、以广深港澳科技走廊为核心形成的产学研合作区等高端创新资源的汇聚，为大湾区人才创新创业创造了优质的学术环境。此外，大湾区内完善的基础设施，成熟发达的交通体系，能力领先的港口群，先进的公共医疗卫生水平，为双创人才安居提供了保障，在人才吸引力方面具有显著的优势。

2.3.1　高校教育资源集中

据教育部统计，截至 2023 年 6 月 15 日，全国内地高等学校共计 3072 所，其中普通高等学校 2759 所，[①] 大湾区内共有普通高等学校 150 多所，国家重点实验室 43 个，国家工程实验室、国家工程研究中心、国家企业技术中心等国家级创新平台、国家级众创空间累计超过 400 多家。

香港的四大名校分别是香港大学、香港中文大学、香港科技大学、香港城市大学，均具备较高的培养创新创业人才的能力。香港大学 2022 年 QS 世界大学排名为第 22 名，2022 年 QS 毕业生就业能力排名第 10 名，[②] 香港大学有新发传染性疾病、脑与认知科学、肝病研究、合成化学、生物医药技术 5 个国家重点实验室，获得国家科学技术奖属下类别的国家自然科学奖、国家科学技术进步奖及国家技术发明奖等，累计获奖数目为 38 项。[③] 香港科技大学有分子神经科学、先进显示与光电技术 2 个国家重点实验室，以及中国国家工程研究中心香港分站。[④] 香港中文大学拥有转化

---

①　全国高等学校名单［EB/OL］.（2023 - 06 - 19）［2024 - 01 - 26］. http：//www. moe. gov. cn/jyb_xxgk/s5743/s5744/A03/202306/t20230619_1064976. html.

②　大学排名及国际地位［EB/OL］.（2022 - 02 - 17）［2024 - 01 - 26］. https：//www. cpao. hku. hk/firstandforemost/rankings.

③　FIRST & FOREMOST［EB/OL］.（2022 - 02 - 17）［2024 - 01 - 26］. https：//www. cpao. hku. hk/firstandforemost/research.

④　NATIONAL LABS & CENTERS［EB/OL］.（2022 - 02 - 17）［2024 - 01 - 26］. https：// vprd. ust. hk/Research - Infrastructure/National - Labs - and - Centers.

肿瘤学、农业生物技术、药用植物应用研究、合成化学、消化疾病研究 5 个国家重点实验室[1]，已经成立 6 所研究中心进驻由香港特区政府推展的重点项目 InnoHK 创新香港研发平台。[2] 香港城市大学拥有太赫兹及毫米波、海洋污染 2 个国家重点实验室，以及国家贵金属材料工程技术研究中心。[3] 澳门特别行政区（以下简称"澳门特区"）的澳门大学、澳门理工学院、澳门旅游学院、澳门科技大学更是从更加多元化的角度为创新创业人才培养提供了教育资源。

广东省目前有 4 所"双一流"大学，分别是中山大学、华南理工大学、暨南大学和华南师范大学，以及众多知名高等学府。北京大学、哈尔滨工业大学、中国人民大学、香港中文大学等一流大学在深圳开办校区，也为大湾区青年大学生创新创业带来潜在动力并注入新鲜血液。广东省普通高校的数量和在校生人数逐年增加，截至 2023 年，广东省共有高等学校 176 所，普通、职业本专科在校学生人数 260 多万人，如图 2-1 所示。

图 2-1　广东省 2010～2023 年高等学校数和普通、职业本专科在校学生数

资料来源：历年广东省教育事业发展统计公报。

①　国家重点实验室［EB/OL］.（2022-02-17）［2024-01-26］. https：//translate. itsc. cuhk. edu. hk/uniTS/www. cuhk. edu. hk/chinese/research/laboratory. html.

②　中大 InnoHK 研究中心［EB/OL］.（2022-03-27）［2024-01-26］. https：//translate. itsc. cuhk. edu. hk/uniTS/www. cuhk. edu. hk/chinese/research/innohk-centres. html.

③　国家重点实验室［EB/OL］.（2022-03-27）［2024-01-26］. https：//www. cityu. edu. hk/zh-cn/research/centres#search-2.

广东省仍在加快各地的高等教育普及，许多过去没有高校的城市都在进一步引进高校，这提升了当地的高等教育水平，成为开展创新创业活动的重要发展土壤。

2.3.2　人才吸引力突出

2023 年，广东省的深圳市、广州市、东莞市是受大学毕业生青睐的就业城市，如图 2－2 所示，在 2023 届毕业生新发职位城市分布 TOP20 中分列全国第二、第十二和第十五位。可以看出，广东省凭借其发达的经济水平、完善的基础设施建设、广阔的就业平台对应届毕业生具有极强的吸引力。

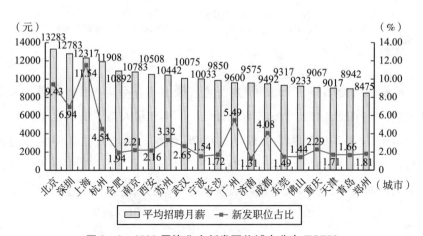

图 2－2　2023 届毕业生新发职位城市分布 TOP20

资料来源：猎聘大数据。

北京大学 2022 届毕业生就业单位地区分布显示，北京市和广东省的人数位居第一位和第三位。清华大学 2022 届毕业生中 12.4% 的本科生和 8.9% 的博士生选择到广东省就业，仅次于选择北京市和上海市的比例，位居第三（见表 2－1）。武汉大学 2021 届到粤港澳大湾区就业的本科、硕士、博士毕业生占比分别为 20.06%、19.92% 和 10.16%。[①] 上海交通大学 2022 届毕业生到东部其他地区就业人数占比 24.35%。[②]

表 2 - 1   清华大学 2022 届毕业生就业单位所在地区分布   单位：%

省份	本科生	硕士生	博士生
北京	25.4	41.2	54.9
上海	16.7	15.5	9.7
广东	12.4	17.3	8.9
浙江	10.0	6.4	4.4
四川	7.0	3.0	2.9
江苏	4.0	2.1	3.1
其他地区	24.4	14.5	16.1

资料来源：清华大学 2022 年毕业生就业质量报告 ［EB/OL］.（2022 - 12 - 31）［2024 - 03 - 05］. https：//career. tsinghua. edu. cn/__ local/E/20/76/2B9F9D2BDE5C9FB3F1436218F4D_FCD98D0B_483A2F. pdf.

　　广东省对全国甚至全球的高水平人才吸引力在不断增强，根据《粤港澳大湾区数字经济与人才发展研究报告》，2019 年大湾区的高水平人才以本科学历（67.37%）为主，硕士占比 26.69%，博士占比 2.94%，他们有超过 40% 的人才毕业于国内大学（不含大湾区），超过 30% 的人才毕业于大湾区的大学，另外具有国际大学教育背景的人才占比超过 25%。[③]

　　①　武汉大学 2021 届毕业生就业质量报告 ［EB/OL］.（2022 - 04 - 15）［2024 - 03 - 05］. ht-tps：//info. whu. edu. cn/info/2046/23710. htm.
　　②　上海交通大学 2022 年毕业生就业质量报告 ［EB/OL］.（2022 - 12 - 31）［2024 - 03 - 05］. https：//gk. sjtu. edu. cn/Assets/userfiles/sys_eb538c1c - 65ff - 4e82 - 8e6a - a1ef01127fed/files/20230214/20230214091309208. pdf.
　　③　粤港澳大湾区数字经济与人才发展研究报告 ［EB/OL］.（2019 - 02 - 01）［2024 - 01 - 26］. http：//mis. sem. tsinghua. edu. cn/ueditor/jsp/upload/file/20190226/1551148170211032606. pdf.

2.4　经济基础扎实、创新氛围浓厚

大湾区是我国开放程度最高、经济活力最强的区域之一,其中,香港、深圳、广州作为区域核心城市,GDP 远远领先于其他城市,佛山市和东莞市作为第二梯队经济实力逐步增强,"9 + 2"城市的综合经济实力正在成为世界城市群经济发展的新引擎。此外,大湾区内不断加强制度软环境建设,营造良好创新文化氛围,在开放包容、鼓励创新的岭南文化圈基础上具有开放多元、宽容失败的创新创业文化环境,有利于激发创新创业活力,增强大湾区高质量发展的内生动力。

2.4.1　产业集群集中,科技发展引导创新

产业集群是指在特定区域中,具有竞争与合作关系,且在地理上集中,有交互关联性的企业、专业化供应商、服务供应商、金融机构、相关产业的厂商及其他相关机构等组成的群体。而创新型产业集群是以创新型企业和人才为主体,以知识或技术密集型产业和品牌产品为主要内容,以创新组织网络和商业模式等为依托,以有利于创新的制度和文化为环境的产业集群。

世界级电子信息制造产业集群初步形成,从 20 世纪 90 年代初至今,珠三角九市以电子信息制造业为支柱产业,拥有华为、OPPO 和 TCL 等电子制造龙头企业,在大湾区内已经形成了完整的电子信息制造产业链。世界级汽车制造集群在孕育之中,两大汽车龙头企业广州汽车集团和比亚迪集团的品牌实力在进一步加强。

深圳作为大湾区的创新中心,在先进制造业和高新技术制造业方面位于全国前列。培育出华为、腾讯、比亚迪、大疆等一批创新型领军企业,国家级高新技术企业超 2.4 万家。深圳市在电子信息、计算机、金融、生

产制造、医疗器械等行业发展速度大幅增长，涌现了碳云智能、丰巢科技、中电港、迈瑞等优秀企业。

广州市作为区域科研中心和对外服务贸易中心，为高新企业和先进制造业的研发和销售提供了强有力的支持。截至 2022 年，在中国普通地级市高新技术企业排行榜中，共有 15 个普通地级市高新技术企业数量超过了 2000 家，其中东莞市、佛山市的高新技术企业数量分列第二位、第三位，均超过了 3000 家。① 东莞市、佛山市、惠州市拥有着传统制造业的底蕴、基础雄厚，在先进制造业的创新融合发展中表现突出并蕴含巨大的潜力。凭借大湾区各个城市的产业基础，政策、资金、企业等方面的资源聚集能力，为青年大学生的创新创业提供了带动力和影响力。

2.4.2　金融服务体系支持创新创业

在《第 34 期全球金融中心指数报告》公布的全球金融中心排名中香港位列第四位，上海、深圳和广州分别位列第七位、第十二位和第三十二位。根据全球 114 个金融中心的金融科技产出评估，深圳排名全球第四，仅次于纽约、旧金山和伦敦，在中国金融中心中位次最高。②

2020 年中国人民银行等四部门联合印发《人民银行 银保监会 证监会外汇局关于金融支持粤港澳大湾区建设的意见》（以下简称《意见》），在促进粤港澳大湾区跨境贸易和投融资便利化、扩大金融业对外开放、促进金融市场和金融基础设施互联互通、提升粤港澳大湾区金融服务创新水平、切实防范跨境金融风险五个方面提出 26 条具体措施。③《意见》的出

---

① 普通地级市高新技术企业数量榜：东莞佛山位居前三 中西部 5 地区超 1000 家［EB/OL］. (2023 – 09 – 13)［2024 – 01 – 26］. https：//baijiahao. baidu. com/s? id = 1776932084528486398&wfr = spider&for = pc.

② 第 34 期全球金融中心指数［EB/OL］. (2021 – 04 – 08)［2024 – 01 – 26］. http：//www. cfci. org. cn/Global/default. html.

③ 多部委发布 26 条金融支持粤港澳大湾区建设意见［EB/OL］. (2020 – 05 – 15)［2024 – 01 – 26］. http：//www. gz. gov. cn/ysgz/xwdt/ysdt/content/mpost_5831108. html.

台有利于进一步推进金融开放创新，为港澳创业者提供更多的融资支持。此外，《中华人民共和国国民经济和社会发展第十四个五年规划和 2035 年远景目标纲要》（以下简称"十四五"规划纲要）也提出：要完善金融支持创新体系，鼓励金融机构发展知识产权质押融资、科技保险等科技金融产品，开展科技成果转化贷款风险补偿试点。

香港、澳门、深圳、广州等地是拥有高度发达金融平台和体系的城市，在响应国家大力扶持创新创业的号召之下，应根据地区优势的金融产业来着力促进创新创业环境升级、加快推动创新创业发展动力升级、持续推进创业带动就业能力升级、深入推动科技创新支撑能力。努力打造"互联网 + 金融"平台，积极利用互联网等信息技术支持创新创业活动，进一步降低创新创业主体与资本、技术对接的门槛。给本地创新创业提供有针对性的金融产品和差异化服务，并为创业投资营造透明、可预期的政策环境。通过引导金融机构有效服务创新创业融资需求、充分发挥创业投资支持创新创业作用、拓宽创新创业直接融资渠道、完善创新创业差异化金融支持政策等方式来进一步提升创新创业的金融服务。

2.4.3　创新创业具有社会基础

大湾区拥有优越的创业环境与坚实的基础条件，其创业活力与创新能力尤为显著。据《粤港澳大湾区协同创新发展报告（2022）》的数据统计，大湾区内的优势创新机构在行业分布上呈现出多元化、高端化及智能化的特点，广泛覆盖多个关键领域，为区域创新发展的持续推进提供了强大动力。具体而言，在先进制造业领域，创新机构的占比尤为突出，有力推动了制造业的升级转型，为区域经济的高质量发展注入了新动能。新一代信息技术产业呈现出显著的集聚态势，涵盖了人工智能、云计算、大数据等多个细分领域，为数字化转型和智慧城市建设提供了有力支撑。新能源、节能环保、海洋经济以及文化创意等产业也涌现出了一批优势创新机构,这些机构在推动可持续发展、提升文化产业竞争力等方面发挥了积极作用。值得一提的是,计算机、通信和其他电子设备制造业,科学研究和技术服务业,高校和科研院所,信息传输、软件和信息技术服务业,电气机械和器材制造业五大行业,在大湾区优势创新机构数量上占据领先地位,其数量占比均超过8%(见表2-2)。大湾区在优势创新领先行业展现头部集聚效应,彰显全国及全球创新体系重要地位。

表2-2   粤港澳大湾区优势创新机构行业分布情况(2017~2021年)

行业分类	数量(个)	占比(%)
计算机、通信和其他电子设备制造业	99	19.8
科学研究和技术服务业	70	14.0
高校和科研院所	65	13.0
信息传输、软件和信息技术服务业	57	11.4
电气机械和器材制造业	45	9.0
电力、热力生产和供应业	37	7.4
通用设备制造业	20	4.0
专用设备制造业	18	3.6
商务服务业	11	2.2
汽车制造业	10	2.0
卫生和社会工作	8	1.6
金融业	7	1.4
金属制品业	7	1.4
建筑业	6	1.2
医药制造业	5	1.0
铁路、船舶、航空航天和其他运输设备制造业	3	0.6

续表

行业分类	数量（个）	占比（%）
化学原料和化学制品制造业	3	0.6
橡胶和塑料制品制造业	3	0.6
仪器仪表制造业	2	0.4
文化、体育和娱乐业	2	0.4
非金属矿物制品业	1	0.2
烟草制品业	1	0.2
食品制造业	1	0.2
纺织业	1	0.2
家具制造业	1	0.2
文化、体育和娱乐业	1	0.2
总计	500	100

资料来源：《粤港澳大湾区协同创新发展报告（2022）》发布［EB/OL］. http：//gd. people. com. cn/n2/2023/0317/c123932 - 40340248. html.

2.4.4　创新创业基地助力发展

2021 年 3 月 29 日，作为"1 + 12 + N"中的"1"即"龙头"，粤港澳大湾区（广东）创新创业孵化基地在广州市天河区开园，该基地由广东省人力资源和社会保障厅和广州市天河区人民政府合作共建，建筑面积达 6.65 万平方米，总投资超 7 亿元。首批 51 个项目落户园区，涵盖人工智能、新一代信息技术、节能环保、高端装备制造、新材料、生物医药与健康、新能源等前沿科学行业领域。目前已入驻近 40 家，包括 6 个港澳团队和 9 个港澳初创企业。[①]

除了大湾区的"龙头"基地之外，在广州市的创新创业基地还有南沙

_____

① 粤港澳大湾区（广东）创新创业孵化基地开园［EB/OL］.（2021 - 03 - 30）［2024 - 01 - 26］. http：//www. gd. gov. cn/gdywdt/bmdt/content/post_3251726. html.

粤港澳（国际）青年创新工场、广州科学城粤港澳青年创新创业基地、天河区港澳青年支援中心、白云区白云湖数字科技城港澳青年创新创业基地、广州增城侨梦苑、"创汇谷"粤港澳青年文创社区等。珠三角九市主要的青年创新创业基地如表2-3所示。

表2-3   珠三角九市青年创新创业基地简介

城市	基地名称	基地简介
广州	粤港澳大湾区（广东）创新创业孵化基地	粤港澳大湾区（广东）创新创业孵化基地由广东省人力资源和社会保障厅、广州市天河区人民政府合作共建。作为广东省"1+12+N"港澳青年创新创业基地的龙头，基地将打造成为人社特色的"国家级、国际化、示范性"的创业孵化（实训）示范平台。重点为港澳青年提供全周期的创业孵化育成服务，兼顾大学生、留学回国人员、高层次及高技能人才、退伍军人等各类群体提供创新创业孵化服务
	南沙粤港澳（国际）青年创新工场	粤港澳（国际）青年创新工场依托广州市香港科大霍英东研究院粤港澳科研及教育合作平台，以"香港标准、国际资源、技术先导、研发支撑"为特色，重点面向粤港澳大学生及青年创新创业主体，致力于打造成为具有国际特色的粤港澳青年创新创业综合示范平台和国际化的产学研一体化创新实践基地
	广州科学城粤港澳青年创新创业基地	广州科学城粤港澳青年创新创业基地是以区块链、人工智能、工业互联网及5G应用为特色的科技创新集聚地。将坚持以黄埔为基地，面向大湾区积极引入区块链、人工智能、工业互联网及5G应用等科技企业及港澳创业项目
	广州增城侨梦苑	广州增城侨梦苑是国家级侨商产业集聚区和海归人才、海外高端人才集聚区，为侨商、港澳台、海归、海外人才及内地高层次人才提供项目对接、签约落地、创业培训、政策支持、人才支援、市场开拓、融资保障等全链条创新创业服务。自2019年底开始实施增城侨梦苑"一苑多区"建设，截至2020年底，已有9个侨梦苑分园区，面积超22万平方米
江门	珠西先进产业优秀人才创业创新园	珠西先进产业优秀人才创业创新园重点培育与江门市产业发展规划相适应，与粤港澳大湾区战略性新兴产业相匹配的创业创新项目，主要面向新材料、大健康、高端装备制造、新一代信息技术、新能源汽车及零部件和文旅六大优秀产业，重点引进院士、博士、博士后团队等高层次创业创新人才、港澳优秀青年创业者、海归创业人才，归侨优秀青年创业创新人才、国家技能大师等高技能人才，大力支持产、学、研成果转化，努力建设成为珠江西岸示范性创业创新人才孵化园区

续表

城市	基地名称	基地简介
江门	珠西创谷（江门）科技园	珠西创谷（江门）科技园位于江门市城区中心核心地段，被广东省科技厅分类为"粤港澳台科技企业孵化器"，是江门市唯一获评省级"粤港澳科技企业孵化器"。珠西创谷重点发展 IEEE（工业 4.0/工业 2025 及人工智能、环保及能源、电子及医疗产品，电子商贸与物联网）等行业相关技术。主力吸引粤港澳台及海外高科技企业进驻，为青年创业者提供创客空间，为中小企业提供孵化器，为成熟企业提供加速器等服务
江门	江海区青年人才创新创业基地	江海区青年人才创新创业基地是由江门市人力资源和社会保障局和江海区人民政府合作共建，由江海区人力资源和社会保障局运营管理的研究生创业孵化基地、港澳青年创业孵化基地、人力资源服务基地，已成为我市扶持研究生、留学归国人员、港澳优秀青年、高层次人才等有志青年创新创业的政府公共服务平台
江门	南粤家政（江门）产业园	南粤家政（江门）产业园坚持"以人为本、扶持创业、促进就业"的宗旨，聘请第三方专业机构为入驻的家政企业（项目）提供"保姆式"的孵化服务，通过提供资金扶持、信息对接、人力资源支撑、交流互动等措施，推动科技型、创新型家政服务企业加速孵化和升级，努力打造成为立足江门、辐射港澳的家政服务综合服务平台
江门	中集智库创业孵化基地	中集智库创业孵化基地主要引进以新型建筑（含模块化建筑）和新型材料为主导产业，凝聚包括智能装备、信息与智能化技术、金融等相关行业。中集智库产业园规划面积为 33535 平方米，建筑面积为 83383 平方米，项目分三期开发。基地内设有路演厅、会议室、服务办公场所、众创空间、苗圃孵化空间等场所
深圳	前海深港青年梦工场	前海深港青年梦工场由前海管理局、香港青年协会、深圳市青年联合会三方共同发起成立。占地面积 5.8 万平方米，建筑面积 4.7 万平方米，重点支持智能硬件、移动互联网、文化创意三大领域创业。2014 年 12 月 7 日正式运营，时任广东省委书记胡春华和时任香港特别行政区行政长官梁振英等共同揭牌，被团中央授予全国唯一"青年创新创业跨境合作示范区"，并入选深圳市首批十家双创示范基地，2019 年 5 月被广东省政府和香港特区政府共同认定的首批"粤港青年创新创业基地"。截至目前，梦工场已累计孵化团队 468 家，其中港澳台及国际团队 236 家，团队总融资额超 23 亿元

续表

城市	基地名称	基地简介
深圳	深港青年创新创业基地	深港青年创新创业基地建筑面积 6000 平方米，以"推动两地人才合作发展，打造开放共赢的深港创新圈"为目标，独创"市、区、港"三方共建模式，积极引进香港特区优质科技人才团队，提供全链条政策服务保障。香港特别行政区前行政长官林郑月娥、中央人民政府驻澳门特别行政区联络办公室副主任黄柳权等领导先后到深港基地调研并给予高度评价。2018 年 11 月，深圳市海外联谊会为深港基地挂牌"深港澳青年创新创业基地"。2019 年 5 月，粤港两地政府为深港基地颁发首批"粤港青年创新创业基地"牌匾
珠海	横琴·澳门青年创业谷	横琴·澳门青年创业谷是初创企业的一站式服务平台和创业平台。通过打造"空间载体 + 创业生态 + 运营机制"的立体孵化模式，以及"苗圃—孵化器—加速器"的可持续发展路线图，为港澳、内地青年创业者提供全方位优质服务
东莞	东莞松山湖港澳青年创新创业基地	东莞松山湖港澳青年创新创业基地以港澳科技成果转移转化为主线，通过"一中心多站点"的模式，有效集聚、孵化和加速一批高水平的创新创业项目，打造具有国际影响力的创新创业和高新技术产业化的示范高地
惠州	惠州仲恺港澳青年创业基地	惠州仲恺港澳青年创业基地重点吸引智能硬件、AI 人工智能、新能源新材料、半导体、新一代电子信息技术及文化创意类项目入驻，引入特色化运营模式，致力于打造五大功能性孵化服务平台
中山	中山粤港澳青年创新创业合作平台	中山粤港澳青年创新创业合作平台主要是为高校毕业（在校）生、留学回国人员、港澳青年等重点群体创业提供低成本、便利化、全要素服务，着力打造成推动大众创业、万众创新，激发市民创业热情、以创业带动就业的公益性、示范性创业孵化基地
佛山	佛山港澳青年创业孵化基地	佛山港澳青年创业孵化基地以佛山市创业孵化示范基地为载体建成主园区；定位佛山三龙湾创新集聚区，分别选址南海区三山、顺德区顺港城，以季华实验室、顺港城等重大项目为载体，分别建成佛山港澳青年创业孵化基地南海分园区、顺德分园区。佛山将围绕打造"一基地两园区"格局，积极参与粤港澳大湾区建设。基地制定"创新引领、引才聚力，产业赋能，辐射带动"战略，重点引进产业赋能型平台企业及多层次的金融机构，引领佛山形成独具特色的"1 + 5 + N"的双创孵化载体协同发展的格局

续表

城市	基地名称	基地简介
肇庆	肇庆新区港澳青年创新创业基地	肇庆新区港澳青年创新创业基地按照"一基地、多载体"的发展思路，以肇庆新区保利商务中心为主阵地，辐射带动科创中心、启迪科技城、肇庆东站综合体，打造肇庆新区港澳青年创新创业基地。基地以文化传媒、互联网科技、创新型科技产品、商务服务为主要孵化范围，旨在吸引、服务、留住、汇聚港澳青年创新创业人才，帮助青年展现自身价值、实现创业梦想，同时以创新创业带动就业，推动基地文化创意、互联网科技、高端服务产业发展

资料来源：粤港澳大湾区门户网。

第3章 世界其他湾区创新创业政策环境的现状

纽约湾区、旧金山湾区和东京湾区，是世界上最重要、最成功和最具影响力的三大湾区，也是创新创业发展迅速的世界一流湾区，在创新创业法律机制方面提供了很好的示范样板。通过梳理和归纳世界三大湾区的创新创业法律机制的现状和特点，对比世界三大湾区创新创业发展及成功经验，进而分析粤港澳湾区与三大湾区存在的差距，并从税收优惠政策、知识产权保护体系、政策推动产学研结合等方面提出粤港澳大湾区创新创业发展的启示。

3.1 纽约湾区

纽约湾（New York Bay Area），亦称纽约都市圈，位于美国东北部，总面积1.8万平方千米，总人口约为777万人，是世界第一大城市集群，由费城、波士顿、纽约、华盛顿等工业化程度高、基础设施完善、经济实力强的城市组成。纽约作为世界金融核心枢纽，在湾区发展中处于主导地位，集聚了众多高端金融、证券、保险业精英，形成了多元化新兴产业服务体系，是逾55家全球五百强企业、纽约证券交易所、纳斯达克证券交易所和华尔街的所在地。纽约湾区自19世纪80年代开始逐步发展，是发展历史最为悠久的世界级湾区，并且经历了多次产业转型，从最早期的美国制造业中心转变为金融中心，最终又成功转型成为全球科技创新高地。

纽约湾区的成功转型离不开相关法律机制的支持，政府的一系列激励政策和第三方组织的协调规划都对纽约湾区的创新创业发展起着推动作用。此外，纽约湾区汇集了哈佛大学、麻省理工学院等多所常春藤盟校，培养了大批高素质人才并鼓励他们在湾区创新创业。

3.1.1　政府出台大量激励政策，增强湾区创新创业活力

纽约湾区在近百年的时间里先后进行过 4 次顶层设计①工作，分别是 1929 年的第一版《纽约及其周边的区域规划》、20 世纪 60 年代的第二次区域发展规划、1996 年的第三次规划《危机下的区域发展》和 2017 年的第四次规划《共同区域建设》，超前制定了湾区交通体系建设规划、环境保护规划、可持续发展规划和宜居宜业规划等。②

纽约市政府通过制定和推行"应用科学"计划（Aapplied Science NYC）、"众创空间"计划（Incubators & Workspaces）、"融资激励"计划（Financing & Incentives）、"设施更新"计划来激发纽约的新一轮科技创新创业。同时，出台了各种创新创业优惠政策，例如，在租金减免方面，政府出台了房产税和房租税优惠计划，前三年商业房租全免，第四年减免 4.7%，第五年减免 3.3%；在创新创业企业融资方面，出台了融资激励计划，政府联合风投公司共同成立纽约创业基金以及小型企业循环贷款基金；在企业扩张方面，实施商业扩张鼓励计划，扩张增租的企业可享受每平方英尺 2.5 美元减租优惠，商业企业和非营利企业机构优惠 5 年，制造企业可享受 10 年；在能源补贴方面，制订曼哈顿优惠能源计划，期限为 12 年，前 8 年电费减少约 30%，以后每年减电费 20%。并且针对个别产

---

① 顶层设计（Top Level Design）是一个工程学术语，本义是运用系统论的方法，追根溯源、统揽全局，统筹规划项目各方面、各层次和各要素，以集中有效资源，高效快捷地实现战略目标。

② 王力. 世界一流湾区的发展经验：对推动我国大湾区建设的启示与借鉴［J］. 银行家，2019，212（6）：94-98.

业还有专门的优惠政策，例如影视税抵免计划，纽约州和市分别针对质量
好的影视产品提供 30% 和 5% 的退税优惠。纽约生物科技产业退税计划，
为小型生物技术公司提供设施、营运及培训的退税优惠，每年最高退税额
可达 25 万美元。由于纽约市税收成本偏高，各种税费减免政策能够有效
地缓解初创企业的生存压力。①

全球众创空间中的先驱者之一 WeWork 于 2011 年在纽约成立，截至
2019 年底，WeWork 已经在全球范围内的 140 个城市建设了 739 个共享办
公场所，它的管理模式被广泛引用和模仿。②

3.1.2　发挥第三方组织的区域规划作用

纽约区域规划协会（Regional Plan Association，RPA）是专门从事于
纽约湾区的区域规划事务的非政府组织。因为 RPA 是纯粹的第三方组织，
不受官方的控制，保持了较高的独立性，同时强调全民参与，这使得 RPA
的区域规划具有独特的优势。作为非政府机构的组织，RPA 为了推动区域
规划成为可实施的公共政策，必须要充分考量社会各群体的利益诉求，从
而获得民众的支持，因此能够实现由政府主导向全民参与的转变。而且
RPA 在规划编制过程中往往会组织一系列的咨询会、听证会、交流会、问
卷调查、社区讲座等大规模的社会活动，保证了区域规划的科学性、全面
性。由于 RPA 是跨洲的第三方组织，能够克服地方政府在跨区域决策时
以本区域利益为重的局限性。

RPA 自成立至今已经针对纽约湾区提出了四次规划方案，成功推动了
纽约湾区创新创业发展。2017 年 RPA 开启了第四轮规划，此次规划的核
心是区域转型，就纽约湾区的经济机会、宜居性、可持续性以及治理和财

---

① 盛垒，洪娜，黄亮，张虹．从资本驱动到创新驱动——纽约全球科创中心的崛起及对上
海的启示［J］．城市发展研究，2015，22（10）：92 – 101.

② 杨蕊银，曹阳春．众创空间的理论渊源、运行机制与发展路径［J］．科技创新发展战略
研究，2021，5（5）：19 – 29.

政四个方面提出规划。通过调整房产税、物价，完善交通体系等措施进一步解决了湾区民众在居住、就业、通勤、环境等多方面的问题，为湾区居民创新创业提供更为完善的基础条件。

美国联邦政府成立了一系列为创新企业提供服务的包括联邦小企业管理局（SBA）、小企业发展中心（SBDC）在内的创业服务机构。①

3.1.3　大学引领创新创业，学研产业链成熟

纽约湾区是世界所有湾区中集聚一流大学数量最多的湾区，包括 8 所常春藤盟校（The Ivy League）中的 5 所：哈佛大学、耶鲁大学、普林斯顿大学、康奈尔大学和哥伦比亚大学，以及世界著名的私立研究型大学麻省理工学院。近年来，新常春藤盟校（New Ivies）因其办学历史长、学术声誉高得到了全美和全世界高等教育界的普遍肯定，其中位于纽约州的有伦斯勒理工学院、罗切斯特大学、科尔盖特大学等；位于马萨诸塞州波士顿及附近的有波士顿学院、塔夫茨大学等；位于新泽西州的有瑞德大学。除此之外，纽约也是美国最大最全面的公立高等教育系统之一，拥有大规模的公立院校，在艺术、音乐方面亦有著名的茱利亚音乐学院和普瑞特艺术学院等。

美国高等教育一直秉承独立思考、敢于质疑、勇于实践的理念，鼓励学生创新创业。于 1919 年成立的百森商学院以其将实践融入教学的理念和完善的创业教育体系闻名于世，培养出美国众多商业精英。它首先提出"产学研"一体化概念，致力于培养创新创业自主性，引导分析产业技术结构，营造良好的创业氛围。2014 年百森商学院位列《金钱》杂志美国最佳大学排行榜榜首。

1947 年，哈佛商学院迈尔斯·梅斯（Maleys Mace）教授以"新创企

① 王明杰. 主要发达国家城市创新创业生态体系建设比较研究——以德国、美国、英国、法国为例 [J]. 行政论坛，2016，23（2）：99–104.

业管理"（management of new enterprises）课程开创高等教育促进创业的先河。20 世纪 70 年代，创业热潮在美国兴起，创业教育在美国教育体系中发挥着举足轻重的作用。据卡茨（Katz，2003）的统计，1994 年美国共有超过 12000 名学生在参加创业或小企业方面的课程学习。美国创业教育发展数十年来不断完善，体系和机制趋于成熟，涉及学科包括经济学、社会科学、心理学、管理学等多种学科，课程包括创业营销（venture marketing）、创业机会的识别（venture opportunity finding/screening）、创业或创建新企业（entrepreneurship or starting new firms）、小企业管理（small business management）等。许多企业和机构在高校内捐资设讲席教授席位，招揽优秀毕业生，举办各类创新创业竞赛和商业计划大赛，成立基金会提供科研经费，并与高校进行项目合作。如由已故企业家埃文·玛瑞恩·考曼夫于 20 世纪 60 年代设立的考曼夫基金会，旨在推动和普及创新创业教育，并通过设立"考夫曼校园计划"项目激励高校进行创业教育模式革新，向学生普及创业知识，取得有效成就。纽约湾区多所高校一直和部分大型企业保持良好的合作关系，企业大力支持高校创新，高校为企业输送高素质专业人才，这种互惠互利的合作机制也是推动美国新兴科技发展的不竭动力。

纽约湾区高水平的大学集中，高校创新的办学理念和优越的科研、学术环境，为湾区建设输送了很多技术型人才，逐步促使湾区从"劳动密集型"向"资本和技术密集型"转化，同时催生出许多优秀的企业家和政坛领袖。脸谱（Facebook）创始人马克·艾略特·扎克伯格（Mark Elliot Zuckerberg）获得哈佛大学荣誉法学博士学位，多年位列《福布斯富豪榜》前列，曾被人们冠以"全球最年轻的自行创业亿万富豪"的称号。毕业于普林斯顿大学的杰夫·贝佐斯（Jeff Bezos），创办了全球最大的网上书店和电子商务平台亚马逊（Amazon），2019 年以 1310 亿美元财富排名 2019 年福布斯全球亿万富豪榜第一位。纽约湾区大学集群培养了众多专业化、高素质的创业人才和科研学者，他们在各自领域都创造了卓越成就。

3.2　旧金山湾区

旧金山湾区（San Francisco Bay），位于美国加利福尼亚州北部，陆地面积 18040 平方千米，总人口约 770 万。湾区东南岸的硅谷是世界科技创新中心，致力于发展高新技术产业和金融服务业，集聚了谷歌、苹果、微软等著名企业。新兴产业研发能力强、创新活跃度高，加之交通运输便利，为其发展提供了不竭动力。作为世界重要的科教文化中心之一，旧金山湾区培养了众多诺贝尔奖得主和各领域前沿研究学者，拥有斯坦福大学、加州大学伯克利分校等世界顶尖名校集群，将知识、科研、实践紧密衔接，可以说，加州完备的教育体系是创新创业进程的重要引擎。

3.2.1　出台税收优惠减免政策激发创新创业的积极性

与中国不同，美国各级政府对税收政策的制定都有一定的自主权。除了美国统一施行的税收减免政策，加州政府和旧金山市政府也为相关企业提供了税收优惠政策。如美国联邦政府出台了创造就业机会低税政策，以及规定商业性公司和机构从事研发活动经费与前一年度相比有所增加时，该公司和机构可获得20%的退税。加州政府出台雇佣新员工低税政策，企业消费扣税政策和创造新岗位低税政策，对小微企业起到了一定的鼓励作用。旧金山市政府则针对部分技术创新企业及相关从业人员额外提供了税收优惠政策，如免征中心街等指定免税区内企业工资税、对技术型产业员工工资税收减免等一系列政策，鼓励湾区内创新创业的积极性。

3.2.2　建立完备的知识产权保护体系为创新创业提供保障

美国的知识产权法律比较完备，美国的知识产权成文法包括联邦议会和各州议会制定的知识产权法律，联邦议会制定了专利法、商标法、版权法、贸易法等，各州也大多制定了自己的商标、版权法律。在判例上，也包括联邦法院和各州法院的判例。对于法院判例，包括知识产权方面的法院判例，美国法院秉承普通法系的传统，适用遵守先例原则。美国还会根据某一产业的特点单独设计法案的规则和细节，以此来制定专门的专利保护法案，如信息技术行业有《高性能计算机与通信法》等法案，这为硅谷的相关企业提供了法律保障。

美国的知识产权保护途径也相对完善。在知识产权保护途径中，除了有民事和刑事的知识产权司法保护体系，美国还有比较有特色的行政保护，即"337 调查"程序，另外展会和海关也有知识产权保护机制，与司法程序相辅相成，形成一套完备的保护体系。

美国对侵犯知识产权行为的惩罚力度较大。美国对知识产权恶意侵权的行为打击力度较大，规定了惩罚性赔偿的原则。如美国专利侵权的损害赔偿包括补偿性赔偿和惩罚性赔偿。惩罚性赔偿适用于故意侵权，是在补偿性赔偿的基础上提高到最高 3 倍，由法官根据侵权情节来确定。

3.2.3　通过立法推动科技成果的商业化

创新创业企业通过技术创新、产品创新等手段得到成果后，需对其进行成果转化和商业化从而获得利润，这样不仅能够激励创新，也能为进一步的企业扩大筹集资金。美国政府十分重视科技成果转化，出台了一系列政策予以支持。如 1982 年实施的"小企业创新研究计划"利用中小企业成长路线的三级资助模式，在对中小企业研发提供资金支持的同时，还对其研发成果转化提供技术支持。美国还设置了专门机构来促进科技成果转化。国家技术转让中心（National Technology Transfer Center，NTTC）和联邦实验室是主要的公立科技成果转化机构，为企业成果转化提供商业资讯、专题培训及网络信息等服务。

美国通过立法推动孵化器的发展，确保有大量资金进行孵化器的创建和发展。旧金山湾区作为世界创新中心，更加重视湾区科研成果的商业化进程。通过设置孵化器、产业园区对科研成果进行转化，其中位于旧金山湾区的硅谷是企业孵化器的天堂，大量企业的孵化器在此集聚。

3.2.4　产学研结合有效推动创新创业发展

高质量的大学集群是旧金山湾区形成产学研结合的重要基础。旧金山湾区共有 70 多所大学，其中有 5 所世界级研究型大学，分别是斯坦福大学、加州大学伯克利分校、加州大学旧金山分校、加州大学圣克鲁兹分校、加州大学戴维斯分校。高新技术产业集群也是旧金山湾区创新创业发展的重要支撑。旧金山湾区拥有苹果、特斯拉、英特尔、谷歌、脸谱、思科、惠普等一批具有世界影响力的大公司，同时也集聚了不少中小型高科技企业，目前已经形成了大、中、小型科技创新企业协同发展的高新技术产业集群。

除了高质量的大学集群和高水平的产业集群，旧金山湾区创新创业发展也离不开完善的创新创业体制，政府根据实际情况分门别类地出台系列鼓励、激励政策，为创新创业发展提供环境和制度保障，不仅制订直接购买科研成果的"入驻企业家"计划，还鼓励高校教师、学生积极参与创新创业。政府从基金上支持高校和科研机构开展各类创新研究和创新创业活动，并提供部分订单和委托开展一些项目研究。高等院校通过制订产业联盟计划，大力鼓励和引导教师、学生和研究人员踊跃参与企业的创新创业，学生可以因创新创业申请休学，老师也可以因研究工作而申请调整教学工作安排，允许并支持老师和学生兴办企业或在企业做兼职。这种体制机制有效促进大学与企业之间的衔接和合作，推动科研成果的市场化、产业化和商业化。科技猎头公司与风险投资公司与大学和创新创业企业紧密联系，形成紧密的合作机制，共同推动创新创业进步。依托旧金山湾区内相对集中的研究型大学和科研机构，以人才为纽带，政府制定一系列的政策促进大学、科研机构与企业之间开展紧密合作，推动了旧金山湾区高新技术产业创新创业发展，增强湾区内创新创业活力。

　　硅谷（Silicon Valley）是世界高新技术科创中心，众多高科技公司如英特尔、苹果、谷歌、脸谱、雅虎总部坐落于此，它也是推动旧金山湾区发展的主要动力，融科技、创新、生产为一体。硅谷的繁荣得益于其良好的创业生态系统，其中包括与斯坦福大学共生共赢的密切合作关系。

　　美国有两所典型的创业型大学：麻省理工学院和斯坦福大学。麻省理工学院秉承"为地方产业发展服务"的实用主义的教育价值理念，斯坦福大学的发展战略在科研的"有用"和"学术性"之间确立了平衡（见图 3 – 1）。创业型大学在商业化方面具备新的领导力，得益于大学衍生公司的产生，[①] 大学衍生公司是基于大学知识成果而创立的公司或者由大学雇员创办的公司，它与大学母体在不同阶段存在不同形式的合作关系。

　　斯坦福大学创立于 1885 年，截至 2020 年，共有 83 位斯坦福校友、教授或研究人员曾获得诺贝尔奖；28 位曾获得图灵奖，另有 8 位斯坦福教授曾获得过菲尔兹奖。斯坦福大学作为世界著名的研究型大学，地理上远离美国的政治中心，因此，尽管它学术声誉高，但科研经费却不及约翰斯·霍普金斯大学的一半，且多来自社会捐助和工业界。20 世纪 80 年代以来，斯坦福大学教授、学生创立了许多知名高科技公司，如惠普、肖克利晶体管公司、思科、太阳、雅虎、谷歌、英伟达等。21 世纪互联网浪潮掀起时，斯坦福的毕业生又成功创办了 Instagram、Snapchat 公司。

　　斯坦福大学办学过程并非一帆风顺，由于运营资金的短缺和第二次世界大战的影响，多次陷入财务危机。第二次世界大战后，被誉为"硅谷之父"的斯坦福大学工学院院长弗雷德里克·特曼（Freder-ick Terman，1900～1982），于 1951 年在校内建立了斯坦福科技园，通过科技园将土地对外出租 99 年。很快，许多知名企业如柯达公司、通用电气、肖克利晶体管公司、洛克希德公司等就与斯坦福大学签约入驻。这一举措不仅缓解

---

　　① 李飞. 跨越产学合作的鸿沟——创业导向的产学"协同关系"管理［M］. 杭州：浙江大学出版社，2019：55 – 56.

了财务困难，更让斯坦福大学跻身于世界一流大学之列。斯坦福科技园也被看作硅谷的雏形。

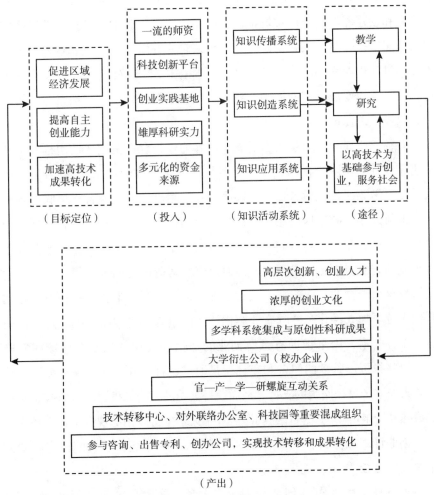

图 3 - 1　创业型大学的内涵及特征

资料来源：彭绪梅. 创业型大学的兴起与发展研究 [D]. 大连：大连理工大学，2008.

斯坦福大学拥有优秀的师资团队，其教育提倡多元化的同时注重专才教育，近百个专业位列全美前十。它给予学生很高的自由度和自主发展空间，鼓励学生积极交流，接触不同学科的同学和教授，多领域的碰撞无形中拓展了学生的商业意识和合作意识，培养开放创新思维。美国学者李钟文（Chong-moon Lee）曾在《创新之源：硅谷的企业家精神与新技术革命》一书指出："对于计算机和信息网络公司来说，斯坦福大学的贡献在于研究和创建能够迅速向市场推出新产品的公司。对于高科技领域已经成立的公司来说，贡献则在于研究生教育，它一方面不断补充着智库，另一方面通过远程课程不断为行业中的工程师提供继续教育。"斯坦福大学秉持将技术直接变成利润的原则，鼓励学生自己创办公司，在项目运营管理中获取经验，促进技术产业化。

硅谷工业界和斯坦福大学形成了良好的校企合作机制。斯坦福大学和工业界签订了长期的"学位合作计划"和"工业联盟计划"，前者为在职人员提供学业课程，后者培养基础研究和应用研究与企业合作，吸纳顶尖的技术与人才。硅谷地区还有许多与创业相关的俱乐部和论坛，例如，斯坦福企业家之角（Stanford Entrepreneurship Corner）就是一个联结在校生和企业高管的组织，通过不断的沟通交流，营造优越的创业氛围，让学生能够发掘更新颖的创业题材。除此之外，斯坦福在学生创业扶持方面相比其他高校更加人性化，建立企业孵化器为创业者建立战略布局，还专门设有一个办公室，用来帮助有意愿创业的学生和成功的校友企业家建立联系、寻找投资。谷歌的佩奇和布林就是通过这种方式，成功获得太阳公司创始人安迪·贝托谢姆的支持，从而获得公司的第一笔投资。硅谷技术条件的成熟和资本市场的完善让纽约湾区青年大学生得以拓宽视野，积累经验。

创业计划大赛又名"商业计划大赛"，1983年起源于美国得克萨斯大学奥斯汀分校。[①]

2013年美国发布《创新与创业型大学：聚集高等教育创新和创业》《国家创新战略》《先进制造业国家战略计划》美国政府创新创业办公

---

① 向密密，周荀，姜峰. 英美国家大学生创业支持体系对我国大学生创业的启示［J］. 出国与就业：就业版，2010（13）：18-19.

室,① 在一系列政策的推动下，美国政府创新创业办公室直接与美国各大学进行对接，深度了解大学的创新创业情况，共同培育具有市场经济价值的创新创业项目。

3.3　东 京 湾 区

广义的东京湾（Tokyo Bay），旧称江户湾，面积约 1320 平方千米，是世界上第一个主要依靠人工规划而缔造的湾区。沿岸为日本著名重化工业地带，北岸和西岸有东京、横滨、横须贺等港市，东岸有千叶港。东京湾区 GDP 总量约占日本全国的 1/3，具有核心竞争力和较高的经济实力，且湾区内有东京大学等百余所著名高校和众多科研机构，是日本经济增长、创新发展的主要动力。为建设现代化都市集群，日本政府引导城市规划，打破区域壁垒，相继出台多项法律法规支持东京湾区内的人才创新创业，鼓励科技成果产业化。

3.3.1　政策指导创新创业"产学研"结合

东京湾区拥有多类型、多学科、多层次的大学集群和充足的高学历、高素质、高科技人才资源，为湾区内创新创业"产学研"结合提供了智力保障。2014 年，日本文部科学省启动了以培养国际化高素质人才和推进国际性研究为目标的"超级国际化大学（Super Global University）"计划。根据 2014 年 9 月日本文部科学省审核公布的名单，共有 37 所大学成为"超级国际化大学"。这些大学将在此后的 10 年中，每年获得 1 亿～4 亿日元的政府补助金。在这 37 所大学中，东京湾区占据日本超级国际化大

---

① 张国庆，程洪莉，王欢，毛付俊. 创新创业路径揭秘［M］. 北京：清华大学出版社，2019：4.

学 A 类 13 所中的 6 所，B 类 24 所中的 11 所，共占日本超级国际化大学 A、B 两类 37 所中的 46% 左右，其中有如东京大学、庆应义塾大学、早稻田大学等多所世界顶尖高等学府。东京湾区的学术研究机构占全国的 40% 左右，研究人员数更是超过 60%，这两个比例都超过全产业的企业数及从业人员数占比的 30%。此外，东京湾区内还拥有仅次于硅谷的世界第二大高科技基地、日本科教中心筑波科学城。大批高等学府向东京湾区企业输送创新创业人才，高等院校和研究所在东京湾区的密集分布也为产学研结合推动创新创业发展奠定了基础。

东京湾区内，创新创业的扶持离不开政府对科学技术和创新人才培养的重视。1980 年，日本政府正式提出"科学技术立国"的发展战略，从推进科研、人才培养与引进、学校企业联合等方面颁布一系列有利于科技发展的法律法规。以《科学技术基本法》《科学技术基本计划》《科学技术白皮书》和《重新设计科学技术和创新政策科学计划》等政策计划为代表，进行了国家的科研基础设施建设和教育体制改革，培养适应驱动创新创业的科技人才。《大学等机构的技术转移促进法》强化了大学与企业之间的合作，"特别研究员制度"驱动创新留学生人才留在日本继续从事科学创新。日本政府重视科研投入，研发支出强度大。

20 世纪 90 年代以来，日本政府颁布了一系列法律法规，为创新创业研究成果的产业化提供制度保证。1998 年《大学技术转移促进法》的颁布实施，促进了技术转移机构的诞生和发展。该法规定，将促进高校科技转化作为突破口，建立大学科技转让机构（Technology Licensing Organization，TLO）。技术转移机构主要以公司法人形式存在，其职能是秉承"产学研"结合理念，负责挖掘、评估、选择具有产业潜能的研究成果，将大学的研究成果转让给企业，破解高校科技转化率低的问题。大学科技转让机构由日本经济产业省和文部科学省共管，在审批程序上，由两省大臣根据相关标准进行审查、核实，共同决定审查结果。在运营过程中享有国家优惠政策，特别在经费、设施设备和人才等方面得到了政府的大力支持和社会团体的援助，如在设施设备方面，大学等技术转让机构可无偿使用国家公共设施和设备。TLO 的运行从构建信息系统为研究方向进行评估，到寻求研究资金，再到为创新成果定位并申请专利，最后成功孵化与转移科研成果，贯穿整个科研过程，形成了完善的成果转移运作模式。

3.3.2 为中小企业创新创业提供资金保障

日本政府为扶持中小企业创新创业建立了政策性金融机构，如国民金融公库、中小企业金融公库、商工组合中央公库。国民金融公库对从银行等金融机构融资较困难的中小企业进行小额周转资金贷款。中小企业金融公库则向规模较大的中小企业提供长期低息贷款，贷款侧重于支持重点企业。商工组合中央公库对团体所属成员提供无担保贷款、贴现票据等金融服务。

日本的信用担保机制，为解决中小企业在创新创业过程中因缺少抵押品和信用记录而造成的融资难问题提供了重要支持。东京湾区目前已经形成了中央与地方风险共担、担保与保险有机结合的信用保证体系。1937年，东京成立了日本第一个地方性中小企业信用担保协会，东京都中小企业信用担保协会。1950 年制定《中小企业信用担保法》，到 1952 年，各都道府县共设立了 52 个信用担保协会。

日本政府鼓励对科技型中小企业的风险投资，拓宽科技型企业创新创业的资金来源渠道，为风险资本投资科技型企业提供法律保障和政策优惠。1963 年日本政府颁布了《中小企业投资育成公司法》，1974 年又成立了以研究开发型企业为核心的风险企业中心，为从事研究、科研开发、新产品试制或高科技成果转化等业务的中小企业提供融资支持。1997 年制定《天使投资税制》，促进个人（天使轮）、年金、有限责任组合、海外资本、其他风险资本不断投入风险投资领域，保证了多元化的资金来源。

第4章 粤港澳大湾区与世界其他湾区创新创业政策环境的对比和启示

与世界其他湾区对比,粤港澳大湾区在创新创业发展历程、对中小企业的扶持政策、知识产权法律保护机制等方面既有自身的优势,也存在不足。

4.1 创新创业政策环境的对比

4.1.1 世界其他湾区

20世纪初期,美国政府就开始推进创业相关工作,其中包括完善高校创业教育体制、引导师生合作开展创业活动、促进校企联动加快创新创业成果落地等。以纽约湾区和旧金山湾区为例,美国政府尤其注重为创业初期的中小企业提供支持,建立了相对健全的小企业扶持法案如《小型企业投资激励法》《小型企业经济政策法》《小型企业投资奖励法》等,降低小微企业注册门槛,主动提供帮扶措施和财政补贴,在湾区内形成良好的创业环境。自1789年起实施的《美利坚合众国宪法》第一章第八条第八款指出,国会有权"保障著作家和发明人对各自的著作和发明在一定的期限内的专有权利,以促进科学和实用艺术的发展",美国政府加强对知识产权私有化的行政管理的司法保护,先后制定了《专利法》《商标法》《版权法》《反不正当竞争法》《互联网法》和《软件专利》等。东京湾区在支持人才创新创业和保护知识产权方面也给予同等程度的重视，早在 1963 年，日本政府就颁布了《中小企业现代化促进法》，引导小企业自主创新，同时实施多项财政政策，拓宽小企业融资渠道，税收减免优惠政策和福利补贴保障小企业有充足科研经费创新发展。而后于 1998 年，《大学技术转移促进法案》颁布，鼓励高校设立大学科技转让机构（Technology Licensing Organization，TLO）加快产学联合，互惠互利。

4.1.2　粤港澳大湾区

近年来，随着工业化浪潮的兴起，我国政府逐渐加大创新创业的扶持力度。在 2014 年 9 月夏季达沃斯论坛，李克强指出：要在 960 万平方公里土地上掀起"大众创业""草根创业"的新浪潮，形成"万众创新""人人创新"的新势态。而后于 2016 年，习近平在党的十八届五中全会第二次全体会议上强调，"必须把创新作为引领发展的第一动力，把人才作为支撑发展的第一资源，把创新摆在国家发展全局的核心位置，不断推进理论创新、制度创新、科技创新、文化创新等各方面创新，让创新贯穿党和国家一切工作，让创新在全社会蔚然成风。"[①] 2019 年 2 月，国务院颁布《粤港澳大湾区发展规划纲要》（以下简称《纲要》），部署大湾区整体发展规划，深入贯彻习近平新时代中国特色社会主义思想和党的十九大精神，统筹推进"五位一体"总体布局和协调推进"四个全面"战略布局，全面贯彻落实"一国两制"，加快国家自主创新示范区与国家创新创业示范基地、众创空间建设，进一步提升大湾区在国家经济发展和对外开放中的支撑引领作用。《纲要》秉承创新驱动、改革引领、协调发展、统筹兼顾、绿色发展、保护生态、开放合作、互利共赢等基本原则，构建开放型区域协同创新共同体，为"一带一路"的推进提供有力支撑，将大湾区打造成为具有全球影响力的国际科技

---

① 中共中央文献研究室．习近平关于科技创新论述摘编［M］．北京：中央文献出版社，2016：9.

创新中心。《纲要》强调了大湾区发展的主要方向是完善基础设施建设，拓展就业创业空间，打造创新产业高地，推动国内外良好合作进程。

为此，大湾区内各行政单位基于纲要的指导理念针对区域创新进行细致布局。珠海市于2010年颁布《珠海经济特区科技创新促进条例》，内容包括设立负责科技创新工作的行政管理和统筹协调，组织实施重大科技创新活动的科技行政管理部门；市政府设立科技型中小企业技术创新专项资金，资助科技型初创企业和中小企业开展技术创新；推动珠港澳区域科技创新合作，促进珠港澳三地的资金、技术人才和成果等科技要素的流动以及科技研发支撑环境的优化组合；设立相关奖项对在科技创新活动中做出突出贡献的组织和公民予以表彰奖励等。这些条例高度契合我国"大众创业、万众创新"的基本理念。深圳市作为我国改革开放的前沿阵地，在引领大湾区创新创业方面发挥引擎作用。2013年，深圳市第五届人民代表大会常务委员会对《深圳经济特区科技创新促进条例》进行修正，着重强调，建立以企业为主体、产学研相结合、保护知识产权的技术创新体系，以制度创新、机制创新推动区域创新体系建设，将自主创新作为城市发展的主导战略。该条例旨在促进深圳经济特区科技创新活动，提高城市的核心竞争力，建设国家创新型城市，鼓励企业与高校、研究开发机构与高校合作建立重点实验室，并提供科技发展专项资金给予配套资助。

相比于世界其他湾区，粤港澳大湾区进行创新创业规划时间较短，但大湾区内区域发展多元化，拥有人口红利优势；创业法律体系的建立需要逐步完善，推进创业扶持工作时应切合我国体制现况。

4.2　对青年大学生创业的扶持

4.2.1　世界其他湾区

旧金山湾区世界五百强企业云集，完整的创业扶持制度体系培养了大批卓越的科创人才，值得粤港澳大湾区加以借鉴学习。例如，硅谷与斯坦福大学等高校建立了完整的产学研合作机制，签订了"学位合作计划"和"工业联盟计划"等人才培养协定。斯坦福科技园内有许多高新技术的孵化器，硅谷企业每年都会为斯坦福大学捐赠巨额研究经费，再加上美国教育主管部门公共资金、美国国家科学基金会（National Science Foundation，NSF）的资金支持，使得校内科研项目有序进行。斯坦福大学拥有全世界最先进、最完备的远程教育系统，可以为硅谷企业技术人员和管理人员进行线上授课，为创新人才的培养注入新动力。此外，湾区内高校依照《拜杜法案》和《史蒂文森怀德勒技术创新法案》采用科学研究与实验发展（research and development，R&D）模式组办校内创业孵化园，当地政府也针对创立初期的小微企业提供相应税收减免政策和融资便利。近年来，旧金山湾区内还组建了多所创新实践基地和联合创业办公空间，如 DotCloud 等公司入驻的创始人之家（Founders Den）、优步（Uber）公司入驻的 Rocket Space 等，这些联创空间定期举办创业活动，为青年创业者营造良好氛围，激发思维活力。

纽约湾区拥有更完备的创业教育体系，例如，以百森商学院为首开展的创新创业课程为在校生普及创业知识、培养创业意识、提供创业实践。

在引进人才给予优惠政策方面，东京湾区无疑是典范。日本政府出台《外国人才引进法案》吸纳海外人才，提供优质医疗保障、住房补贴和子女入学教育等服务。

4.2.2　粤港澳大湾区

目前，粤港澳大湾区支持人才创业仍在逐步完善，包括在多个城市内建立创业孵化基地和试验区，合理配置资源平衡区域发展，加强校企沟通合作等。在深圳前海、广州南沙、珠海横琴已建立港澳创业就业试验区，试点允许取得建筑及相关工程咨询等港澳相应资质的企业和专业人士为内地市场主体直接提供服务，并逐步推出更多试点项目及开放措施。支持港澳青年和中小微企业在内地发展，将符合条件的港澳创业者纳入当地创业补贴扶持范围，积极推进深港青年创新创业基地、前海深港青年梦工场、南沙粤港澳（国际）青年创新工场、中山粤港澳青年创新创业合作平台、中国（江门、增城）"侨梦苑"华侨华人创新产业聚集区、东莞松山湖（生态园）港澳青年创新创业基地、惠州仲恺港澳青年创业基地等港澳青年创业就业基地建设。实施"粤港暑期实习计划""粤澳暑期实习计划"和"澳门青年到深圳实习及就业项目"，鼓励港澳青年到广东省实习就业。支持香港特区通过"青年发展基金"等帮助香港青年在大湾区创业就业。支持澳门特区建设中国与葡语国家青年创新创业交流中心。支持举办粤港、粤澳劳动监察合作会议和执法培训班。

近年来，广东省政府及有关部门贯彻"一国两制"的基本理念，加大对港澳青年在大湾区内创新创业的扶持力度。2012 年，中央人才工作协调小组关于同意将广州南沙、深圳前海、珠海横琴"粤港澳人才合作示范区"列为全国人才管理改革试验区。2019 年 10 月，广州南沙开发区管委会办公室、广州市南沙区人民政府办公室印发《广州南沙新区（自贸片区）鼓励支持港澳青年创新创业实施办法（试行）》的通知，为引进优秀的港澳青年在内地实习、就业、创业，提供了相应补贴和配套的住房、医疗保障。除此之外，专门为港澳商户在广东注册开辟"绿色通道"并提供全程协办服务。2019 年 3 月，人力资源和社会保障部与广东省政府在广州签署《深化人力资源社会保障合作　推进粤港澳大湾区建设战略合作协议》。根据战略合作协议，人力资源和社会保障部和广东省政府将在促进人力资源要素自由流动、拓展就业创业空间、深化社会保障改革、健全劳动维权长效机制、加强公共服务能力建设、夯实项目平台建设六大方面开展全方位战略合作，打造国际人才新高地、宜业乐业优质圈、普惠共享先行地、和谐劳动关系示范区、优质服务排头兵、干事创业大舞台。人力资源和社会保障部将在政策扶持、项目审批、资金投入、先行先试、业务支持、人才支撑等方面给予广东重点倾斜和支持。广东省人民政府将积极发挥政府主导作用，加强组织领导、指导督促和沟通协调，对人力资源社会保障领域政策制定、机构建设、人员编制、项目立项、资金投入等方面给予重点保障和支持。

秉承"十三五"规划"支持港澳提升经济竞争力，深化内地与港澳合作，支持内地与港澳开展创新及科技合作，支持港澳中小微企业和青年人在内地发展创业。加快前海、南沙、横琴等粤港澳合作平台建设。支持港澳在泛珠三角区域合作中发挥重要作用，推动粤港澳大湾区和跨省区重大合作平台建设"的思想理念，大湾区正加紧内陆和港澳之间的合作互联。2017 年 7 月，《粤港澳大湾区青年行动框架协议》（以下简称《协议》）在广州市签订，该协议旨在有效引导粤港澳青年深度参与大湾区建设，深化粤港澳合作中发挥青年力量、激发青年活力、凝聚青年智慧、实现青年梦想。时任广东省政协主席王荣表示，粤港澳青年团体要以《协议》为蓝图，打造青少年发展平台，着力发现、培养、集聚大湾区建设所需的各类青年专业人才，让广大青年借助"一带一路"建设为大湾区城市群发展带来的契机，利用粤港澳地区独特的区位优势，共享发展机遇。2020 年，全国政协常委、香港颂谦企业集团有限公司董事局主席兼行政总裁谭锦球向全国政协大会提交了《关于结合粤港澳大湾区协助香港青年就业建议的提案》。他表示，经历修例风波，香港不少雇主对聘请毕业生态度审慎，甚至不敢聘用，香港青年就业将面临较大困难。他呼吁香港特区各界努力为香港青年提供就业机遇，协助香港大学生在粤港澳大湾区就业创业，同时建议建立一个专门为青年争取就业、实习机会的平台（包括线上和实体服务平台），为香港青年打造创业配套"一条龙"服务，保障落实青年创业活动的有效开展。[①]

澳门特区青年企业家何敬麟联合澳门工商联会、澳门青年企业家协会、澳门番禺同乡会共同发起，在广州番禺大学城建立"粤澳青创国际产业加速器"，2018 年 12 月正式投入运营，于 2022 年被认定为"广州市级

---

① 谭锦球：引导香港青少年正确认识国家［EB/OL］．（2020 – 05 – 24）［2024 – 02 – 23］．
https：//baijiahao. baidu. com/s？ id = 1667548166867625155&wfr = spider&for = pc.

科技企业孵化器"。[①]

4.3　粤港澳大湾区的现状与不足

与目前纽约湾区、旧金山湾区和东京湾区在单一社会制度和经济体制下发展相比，大湾区内存在两种制度、三个法域、三个关税区、三种货币和三种市场开放度的现状，粤港澳三地在经济制度、法律体系、行政体制和社会管理模式等方面，在经济自由度、市场开放度、营商便利度以及社会福利水平等方面都存在比较大的差距，这也导致了大湾区存在合作交流较为薄弱、在政策的制定和实施方面存在壁垒、创新创业成果转化率较低等不足。

4.3.1　粤港澳合作交流有待加强，创新人才储备较为薄弱

香港特区、澳门特区分别于 1997 年、1999 年回归祖国，此前经历了漫长的殖民统治，其在文化发展、制度规划、开放程度方面都与广东地区差异较大，进而导致粤港澳三地无论是在学术交流、科研共享，还是在信息互通、商业互助、产业互联、文化互融方面都较为欠缺。大湾区内原始创新创业人才资源较为薄弱，目前暂未出台外国人才创业引进相关条例。

近年来，许多不法分子和西方国家对我国内政事务干扰，破坏香港特区社会秩序，阻断内地和香港特区的合作交流。相比之下，香港特区的国际化程度和认同度高于大湾区内其他地区，是大湾区践行"引进来，走出去"的重要窗口，在联动大湾区发展方面具有举足轻重的作用。据相关调

---

① 粤澳青创国际产业加速器上榜"2022 年度广州市级科技企业孵化器认定名单"［EB/OL］.（2023－06－09）［2024－02－22］. https：//www. panyu. gov. cn/zwgk/zfxxgkml/xxgkml/zwdt/fzxw/content/post_9024710. html.

查显示，香港特区多数金融机构不愿意给创业初期的企业提供融资便利，政府未出台有力扶持政策，且大部分经营贸易模式趋于传统，投资思维固化，加之香港地区地租、人力资源成本较高，市场拓展空间不足，导致创业者不愿意在香港发展。目前港澳青年在就业和创业两个方面都面临着巨大的压力，而广东省部分地区优厚的市场资源还未被有效利用。尽管如此，许多港澳创业者表示，来内地创业仍存在"瓶颈"，例如，对内地法律制度体系、商标注册和市场运作缺乏了解，内地创业政策流程过于烦琐且耗时久，生活习惯、文化、价值观存在差异甚至产生冲突。

为此，我国政府应明确大湾区内创新创业条例，简化企业注册流程，及时、准确公开大湾区创业相关信息，打破区域壁垒；引导创业青年带动大湾区内欠发达经济地区发展，统筹一体化发展；酌情完善外国人才引进相关政策，促进大湾区内多元化开放发展。促进粤港澳三地交流合作，进一步精准帮扶港澳创业者，优化营商环境，提供完善的住房、医疗、子女教育等配套保障服务。内地的金融机构，尤其是深圳市，应坚持互助共赢的理念，针对港澳青年实施优惠措施，如拓展融资渠道、给予融资便利等，配合政府工作。

4.3.2　政策落地实施成效不佳，创新创业成果转化率较低

我国国情特殊，人口基数大，在政策落地、精准实施方面存在壁垒。大湾区内支持创新创业政策繁多冗杂，限制条框多，许多创业者表示无法享受政策内相关福利，故政策的权威性和效力存在疑点。大湾区内各区域发展情况不同，各级政府可根据行政单位情况因地制宜，简化扶持政策，降低门槛，确保社会各界创业人才都能享受优惠政策红利，并定时回访调查，了解受众人群满意度并针对反馈情况对政策进行修正改进。

目前，大湾区内对于知识产权保护问题只存有纲领性规定，如《广东省重大经济和科技活动知识产权审查评议暂行办法》，而针对解决知识产权纠纷等细致问题各地区并未出台细致政策，使得知识产权保护体系存在

灰色地带。而且企业和消费者对知识产权保护意识薄弱，许多科研成果被肆意滥用，严重损害创新人才科研动力，导致创新创业成果转化效率低下。我国年专利申请量超百万件，因此，在知识产权保护方面应与国际标准化制度对接，针对保护条例的"灰色区域"进行重新修订，切忌眉毛胡子一把抓，提高科创成果转化效率，致力于将粤港澳大湾区打造成国际科创型湾区。

4.3.3　创业教育质量不高，未形成完善的校企联动机制

创新创业的素质和技能，离不开学校的培养和引导。广东省 2023 年至 2026 年的大学生创新创业教育示范学校有华南师范大学、广东外语外贸大学、广东财经大学、广东药科大学、广州大学、深圳大学、佛山科学技术学院、珠海科技学院、广东机电职业技术学院、广东农工商职业技术学院、广东岭南职业技术学院、广州城建职业学院。这 12 所高校分布在珠三角九市。

首先，创业教育师资力量匮乏，创业经验不足，开展创业教育课程少且多为选修课，学生接受的创业教育仅限于课堂，缺少实践机会；其次，由于资金和场地供给存在不足，使得校内创业孵化器、科技园等基地运作存在阻碍；加之部分高校缺乏创新人才激励措施和科研成果共享信息平台，使在校创业者面临重重难题。

创意想法要成为创业成果，除了"学生要学、教师能教"，还得有好的孵化平台。联动企业与高校建立合作关系，鼓励创业企业家走进校园，开办讲座，传授相关知识经验，或是在校内设立校企共研创新创业项目，引导学生参与实践，并提升湾区高校人才流动性，形成高校—企业—政府良性循环。我们知道，企业实践者在启蒙学生创业意识、培养创业精神以及提高创业能力等方面都发挥重要作用，但由于利益分配矛盾和风险承担能力的差异，目前大部分高校和企业之间缺乏有效合作交流，在校生无法向前辈汲取经验，避免重蹈覆辙。

对比粤港澳大湾区与世界其他湾区，在创新创业发展历程、对中小企业的扶持政策、知识产权法律保护机制等方面粤港澳大湾区既有自身的优势，也存在不足。

4.4　创新创业政策环境的启示

4.4.1　税收优惠政策针对性强

纵观世界其他三大湾区，可发现其创新创业税收优惠政策均具有较强的针对性。纽约湾区针对创新创业主体制定房产税和房租税优惠计划，针对创新创业企业在能源方面制订曼哈顿优惠能源计划，对企业的能源税收进行期限为 12 年的优惠补贴，并且针对个别产业还有专门的优惠政策，例如，影视税抵免计划、纽约生物科技产业退税计划等，为部分产业提供设施、营运及培训的退税优惠。旧金山市政府则为创新创业企业提供具有产业导向性的税收优惠政策，针对技术型企业及相关从业人员额外提供税收优惠政策，如对技术型产业的员工工资税收减免政策，通过提高高新技术产业研发人员工资从而为高新产业吸引创新创业人才，为企业减少税负压力，鼓励高新技术产业企业进行创新创业活动，从而实现湾区内产业转型升级。东京湾区通过出台科技创新税收优惠、针对高科技行业发放补贴等方式鼓励科技创新企业进行科技研发活动。

4.4.2　具有完善的知识产权保护体系

知识产权为大湾区创新创业发展提供源源不断的动能，知识产权的授予和保护对促进创新创业起着至关重要的作用，特别是重要领域的知识产权，包括核心技术和优质品牌，是一个国际湾区的核心竞争力的重要组成部分。世界其他三大湾区在知识产权支撑和引领创新创业发展方面的经验和做法，对粤港澳大湾区有着很好的启示和借鉴作用。

美国是目前世界上专利制度最完善的国家之一，也是世界上唯一把保护知识产权写入宪法的国家，无论是美国的纽约湾区，还是美国的旧金山湾区，其知识产权政策、保护及专利信息开发等领域都十分发达，知识产权法律和保护途径完备，具有健全的知识产权保护。以旧金山湾区的专利商标资源中心为例，免费向公众提供审查员检索系统的公众版本，方便公众查询所需的专利信息。同时还提供申请流程以及缴费规定解释、检索工具使用方法展示、当地专利律师信息查询和知识产权培训等服务项目，帮助企业或发明人更好地理解知识产权保护。纽约湾区通过诉讼管辖、非讼管理、仲裁解决三种手段及时处理各类知识产权纠纷，切实维护知识产权权利人的合法权益。

日本政府高度重视知识产权保护，明确提出"知识产权立国"的基本国策。为了推进知识产权战略的实施，日本专门成立了知识产权战略总部，知识产权战略总部下设知识产权事务局，知识产权事务局下设3个专门调查会，负责对计划的实施情况进行检查，并根据调查的情况提出新的课题，为制订下一年度的推进计划提出对策建议。在推进知识产权战略过程中，日本政府高度重视知识产权法律的修订和完善，目前，日本知识产权法律制度以《知识产权基本法》为基础，辅之以《商标法》《专利法》《著作权法》《版权法》《实用新型法》《外观设计法》以及《不正当竞争防止法》《反垄断法》等多部法律，形成了日本知识产权法律制度的基本框架体系。其中《商标法》《专利法》等专门性法律与《不正当竞争防止法》《反垄断法》互为补充，成为知识产权保护的两道防线。此外还重视研究新问题、新动向，及时修改和完善法律，从而提高了法律的应用性、时效性和可操作性。

4.4.3　创新创业主体水平较高，政策推动产学研紧密结合

世界其他三大湾区高等院校密集分布，科研实力强劲。纽约湾区有著名的哈佛大学、康奈尔大学、哥伦比亚大学、纽约大学、耶鲁大学以及普林斯顿大学，均是历史底蕴深厚、科研实力一流的全球顶尖院校。旧金山湾区共有 70 多所大学，其中有 5 所世界级研究型大学，分别是斯坦福大学、加州大学伯克利分校、加州大学旧金山分校、加州大学圣克鲁兹分校、加州大学戴维斯分校。而东京湾区内有东京大学、庆应义塾大学、早稻田大学等多所世界顶尖高等学府。丰富而优质的科研、教育资源对三大湾区的创新创业形成了重要的智力支持。

三大湾区的政府通过制定相关政策为高等院校、研究所和企业搭建沟通桥梁，为创新创业提供孵化器，推动科技成果商业化，促进产学研紧密结合。纽约湾区为推动产学研结合制订了应用科学计划，在现有的优质科教资源的基础上，进一步引导产研结合，推动研究成果商业化。旧金山湾区作为世界创新中心，非常重视湾区科研成果的商业化进程，通过设置孵化器、产业园区对科研成果进行转化，其中位于湾区的硅谷是企业孵化器的天堂，大量企业的孵化器在此集聚。日本政府于 1998 年颁布《大学技术转移促进法》，该法规定，将促进高校科技转化作为突破口，建立 TLO。技术转移机构主要以公司法人形式存在，其职能是秉承"产学研"结合理念，负责挖掘、评估、选择具有产业潜能的研究成果，将大学的研究成果转让给企业，破解高校科技转化率低的问题，促进了技术转移机构的诞生和发展。

第 5 章　粤港澳大湾区青年大学生创新创业政策环境的问题

大湾区由于历史遗留等问题，在粤和在港澳的居民没有真正地融通，有关大湾区的法律法规还不够完善，导致人才流动存在局限性，税收制度差异大，居民身份认证未落实，这些问题均亟须解决。

5.1　人才流动受限、税务差异显著、居民身份认证未完善

由于大湾区内部的体制不同，粤港澳三地身份认证尚未实现互认互通，出入境管理制度混乱，效率低，人才流动成本偏高。大湾区内个人所得的税收管理在税制结构、税率设置、征税范围、税收优惠等方面存在的差异制约了人才的流动。大湾区内服务保障体系互不相通，给人才流动增大了生活成本。

5.1.1　人才流动存在局限性，大湾区出入境管理需要优化

建设大湾区，不仅要推进交通、规划的互联互通，而且要促进人才的互联互通，但是目前三地未就税务、居民身份认证协同等方面达成区域合作协议，这使得大湾区人才流动存在局限性。目前，大湾区出入境管理不仅存在区域不平衡，而且粤港澳之间关检仍不够便捷高效。广东省与港澳

之间在通关检查上没有实现一体化，仍然实行各自查验、各自认证的模式，关检信息不共享，检查结果不互认，延长了通关时间，提高了人才流动的成本。

5.1.2　税务差异大，大湾区财税政策需要进一步协调

2019年3月，财政部和国家税务总局联合出台粤港澳大湾区个人所得税优惠系列政策，对在大湾区工作的境外高端人才和紧缺人才，按内地和香港特区个人所得税税负差额给予补贴，并对部分大湾区"跨境"双城族免征个人所得税。然而，虽然个人所得税税负的境内外差别部分得到消除，但是企业所得税税负依然存在境内外差别。目前，港澳的企业所得税与个人所得税的税率接近（分别是15%和12%），并且不征收增值税和关税，而广东省包括内外资企业在内，法定税率均为33%，优惠税率为15%~27%不等。

2011年财政部、国家税务总局发布《关于支持和促进就业有关税收政策的通知》规定，对持《就业失业登记证》（注明"自主创业税收政策"或附着《高校毕业生自主创业证》）人员从事个体经营的，在3年内按每户每年8000元为限额依次扣减其当年实际应缴纳的营业税、城市维护建设税、教育费附加和个人所得税。① 2017年《财政部　国家税务总局　人力资源社会保障部关于继续实施支持和促进重点群体创业就业有关税收政策的通知》规定，毕业年度内高校毕业生在校期间凭学生证向公共就业服务机构按规定申领《就业创业证》，或委托所在高校就业指导中心向公共就业服务机构按规定代为其申领《就业创业证》；毕业年度内高校毕业生离校后直接向公共就业服务机构按规定申领《就业创业证》；持有《就业创业证》或者《就业失业登记证》就可以享受在8000元限额的基

---

① 关于支持和促进就业有关税收政策的通知［EB/OL］.（2010-10-29）［2024-01-26］. http：//www. chinatax. gov. cn/n810341/n810765/n812161/n812537/c1084716/content. html.

础上最高再上浮 20% 的优惠。① 然而，该政策把创业和失业的优惠概念混合，对创业者的创业热情有一定的打击。细化到区域内的发展，2014 年《财政部　国家税务总局关于广东横琴新区个人所得税优惠政策的通知》规定，对在横琴新区工作的港澳居民给予补贴，免征个人所得税。2019 年《财政部　税务总局关于粤港澳大湾区个人所得税优惠政策的通知》规定，对在大湾区工作的境外（含港澳台）高端人才和紧缺人才给予补贴，对部分人员免征个人所得税；可见，国家逐渐对创业人才的重视，重心扶持粤港澳大湾区创业人才。但同时仍存在的问题有：优惠的门槛高、补贴税种种类少等。

中国香港特区的低税制享誉世界，在香港特区没有增值税、营业税。《香港税务条例》规定，个人所得征收的税项分为 3 种，即薪俸税、利得税、物业税，薪俸税类似内地的企业所得税；利得税类似于个人所得税（在香港本地赚取的利润才要求缴纳）。按照《香港税务条例》规定，在香港特区利得税按照 2% ~ 17% 超额累进税率征收，内地也采用超额累进税率，但上下限度为 45% 和 3%，相比于香港特区最高额度的 17% 的税率，差距过大。香港特区没有个税起征点，只有免征额，免征的力度通常较大，如《香港税务条例》规定，连续全年与长辈同住的且无须长辈支付费用，其享有额外免税额 30000 元，其免征的力度随时间推移有增大趋势。香港特区的低税收吸引了许多外地创业者争先恐后选择去香港特区创业，以降低创业成本。鉴于其低税制，香港特区政府并不需要大费周折额外通过税收的优惠来刺激创业就业人员。

澳门特区是实行避税港的地区之一，根据《澳门税收制度》，澳门税收以直接税为主，间接税为辅。直接税含专营税、所得补充税、物业转移税、职业税、营业税、房屋税、遗产与赠与税七项；间接税则包括消费

① 财政部 税务总局 人力资源社会保障部关于继续实施支持和促进重点群体创业就业有关税收政策的通知 [EB/OL]. (2016 - 06 - 12) [2024 - 01 - 26]. http://www.chinatax.gov.cn/chinatax/n810341/n810765/n2511651/201707/c2801770/content.html.

税、印花税、旅游税。澳门特区税种较少且税负较轻，只对来源于澳门本地的利润或者是留在本地的财产征税。根据《职业税规章》，职业税（个税）采取 10% ～ 15% 的 6 级超额累进税率。另附征 5% 的印花税。2020年，中小企业受到疫情的冲击影响甚严重，澳门特区政府出台了"中小企业援助计划"，对职业税进行了调整，退回了 70% 的上年度已缴纳的职业税，退税上限为 2 万元，惠及 17 万本地雇员。[①] 2023 年澳门标准的综合民生工程"澳门新街坊"项目落成，澳门居民享受了 8000 多万元的留抵退税。[②]

5.1.3　居民身份认证未落实，服务保障机制有待完善

目前内地和港澳的身份证认证比较烦琐，三地居民因所持出入境证件身份确认、证件识别等问题，无法享用与当地居民相同的基本政务服务、公共服务、互联网服务、金融服务，存在办事难、办事繁等不便利问题，同时出入境证件身份认证平台提供的个人身份信息认证服务涉及公民隐私，出入境证件身份认证服务应完善相关管理制度，确保认证及时高效、安全可靠。完善回乡证、医疗卫生、三地从业资格认证、交通卡等服务机制的衔接配套，将更好地使三地居民获得同等待遇和保障，消除客观存在的人文环境差异。

5.1.3.1　港澳青年大学生到内地创业

1994 年，劳动部颁发《台湾和香港、澳门居民在内地就业管理规定》，规定了港澳台居民到内地就业需持有就业证才可以受到法律的保护，

① 澳门特区政府推 8 项措施支援中小企 [EB/OL]. (2021 - 10 - 12) [2024 - 01 - 22]. http://www. hengqin. gov. cn/macao_zh_hans/hzqgl/dtyw/xwbb/content/post_3007639. html.
② 【澳门回归 24 周年】用足"税"惠，琴澳产业协同民生融合提速 [EB/OL]. (2023 - 12 - 20) [2024 - 02 - 22]. https://guangdong. chinatax. gov. cn/gdsw/zhhqsw_tpxw/2023 - 12/20/content_7931655018f7445681b866bb2c016e3e. shtml.

紧接着 2005 年劳动和社会保障部发布了《台湾香港澳门居民在内地就业管理规定》，细化了各种流程和权益；2017 年发布的《国务院关于取消一批行政许可事项的决定》，取消台港澳人员在内地就业许可，2018 年 8 月，《人力资源社会保障部关于废止〈台湾香港澳门居民在内地就业管理规定〉的决定》，取消了《台湾香港澳门居民在内地就业管理规定》；这些限制取消之后，港澳台居民只需持有港澳台居民居住证、港澳居民来往内地通行证、台湾居民来往大陆通行证等证件就可以到内地就业，纳入当地就业创业管理服务体系。从政策的演变中可见内地对港澳台来内地就业居民的限制条件逐渐宽松，港澳台留内地工作生活居民的社会保障逐渐增加。

但是，香港青年到内地创业的热情并不高昂，甚至有专家鼓吹误导如到内地创业会有 90% 的失败率，创业某种程度上意味着随时倾家荡产。在早期的内地，香港青年因其香港身份在内地并不能与内地居民享受同等的社会保障，鉴于香港的"强积金"保险计划与内地的保险制度不同、交通体制和医疗体制差异，医疗、跨境交通及家庭置业仍为痛点，随着大湾区的发展上升为国家战略之后，国家愈来愈注重吸引优秀的香港青年到内地发展，随后出台了一系列政策力求保障香港青年能在内地享受跟内地居民同等的权利，港珠澳大桥的开通和大湾区"一小时生活圈"概念的实行在解决三地交通问题上起到了促进作用，一些人才公寓也对香港创业青年给予了一定的优惠，减轻了香港青年创业的生活成本。

澳门特区紧随国家发展的脚步，于《纲要》之后在第一个五年发展规划上编制并印发《澳门特别行政区五年发展规划》与《澳门特别行政区参与粤港澳大湾区建设》。也出台了相应的政策来促进澳门青年创业，如《青年创业援助计划》《中小企业援助计划》等。据采访了解，到横琴创业的澳门青年感觉自己只是从一个街区搬到了另一个街区，说明横琴的创业鼓励政策起到了带头作用，作为一个示范标杆推广到整个大湾区。

5.1.3.2　内地青年大学生到香港创业

内地居民到香港开设公司的程序较简单，不需要本人到香港办理手续，但想要获得香港当地永久居住权却不简单。目前有一种办法是通过香港创业定居计划，创业定居计划的签证模式是两年、三年以及另三年，其间不出现差错即可获得香港永久居住权。但这个计划没有对应的专属香港入境处政策，而将其作为内地人才计划衍生项目。落实到普通内地创业青年，条件一般要求本科以上学历，须为本地稀缺专业人才，对雇主的公司规模也有一定的限制；另一种办法是香港进修移民计划，进修香港全日制大学，毕业后 7 年内在香港企业受聘用方获得香港的永久居住身份。综上所述，内地想到香港创业的普通青年受到的限制过多，个人身份认证艰难。

5.1.3.3　内地青年大学生到澳门创业

根据《澳门基本法》设立的第 21/2009 号法律《聘用外地雇员法》规定，非本地的居民需要受到澳门当地公司的雇用，由雇主或其指定的领有准照的职业介绍所向治安警察局提出申请才可以获得逗留许可，在逗留许可有效的时间内，方可在澳门工作和享有社会的福利保障。

5.2　高校创新创业教育缺乏大湾区背景下的针对性辅导

2020～2021 年，以粤港澳大湾区高校在校或已毕业的青年大学生为调查对象，就青年大学生创新创业法律环境状况，本书课题组委托广东金融学院学生在校的创业公司"萌问"以"问卷星"电子调查问卷（共 20 题）的形式展开线上调查，共回收 2078 份有效问卷。根据问卷调查显示（见附录 1 第 8 题），约 21.85% 的受访者的学校有设置创新创业法律方面的专业课程，但课程中没有针对粤港澳大湾区的背景提供相应的指导。目前，高校创新创业教育虽然日益普及，但相关课程未形成一个统一体系，课程零碎且缺乏针对性；创新创业教育存在流于表面、过度形式化和功利化，使其丧失原本应具备的教育价值；创新创业教育拘泥于封闭式教育，跨专业碰撞、跨学校合作以及跨区域合作等比较少，难以发挥粤港澳大湾区的位置优势与实现粤港澳三地教育资源整合的价值。

5.2.1　创新创业教育缺乏经验，"碎片化"导致效益低下

粤港澳大湾区高校的创新创业教育起步相对较晚，目前仍然处在探索发展阶段，开展创新创业教育累积的经验不足，高校需要创设何种类型创业课程、预计获得何种教学成果、采取何种教学方式等，并没有得到明确的把握与准确的判断，创新创业教育缺乏统一的人才培养标准计划，出现知识不成体系、课程零碎等问题。虽然相关课程、创新创业竞赛、讲座等比较多，表面上，看似能够满足高校大学生的创新创业教育需求，但实际上收效甚微，不能完全满足大学生群体的各种奇思妙想，不利于培养大学生创新创业能力，难以引导他们大胆进行实践。"碎片化"的创新创业教育同样使教师无法准确地把握、挖掘大湾区创业机遇，无法获得实践经验与体系化理论知识，这就促使创业教育产出与投入之间不均衡，导致效益低下。

5.2.2　创新创业教育缺乏实际操作，"形式化"严重，学生难以输出

目前，虽然大湾区的高校创设了创新创业课程，同时也组织了多样化创新创业交流会、竞赛，但是在形式上仍然存在着明显的内容缺陷。结合创新创业课程角度，高校工作重心侧重于科研与教学，专业性的创新创业教师资源不足，大多是行政岗位教师、教学岗位教师来兼任创新创业课

程，只有极少数教师具有创业经历，这就使得创新创业课程集中于书本的层面，导致课程教学方式支持不足。虽然高校间举办了非常多的创新创业竞赛，但创新创业竞赛环节设置与具体创业过程之间差异性比较大，不利于培养创业者的创新创业能力。例如，为了能够提高影响力，非常多的创新创业竞赛都设置网络投标，这就使得创业团队为了取得好成绩，将项目设计的精力集中在拉选票方面，学生科研成果和创新创业项目难以得到孵化和转化。一部分创新创业讲座、交流会等邀请非常多的知名校友、业界精英等参与在内，但从流程设计、前期沟通等方面来看，更多的是使创新创业讲座成为公司实习的招聘会和公司推介会，缺乏针对性指导。创新创业教育在注重对学生输入知识技能的同时，更要注重鼓励学生"输出"，但从目前高校对学生创新创业鼓励政策来看，大多数仅仅局限于免费提供创新创业场地和相关课程，流于"形式化"，仅为象征性的面子工程，大多数还都停留在夸夸其谈与纸上谈兵，不能从根本上激发学生想要"输出"的欲望，难以营造创新创业"百花齐放，百家争鸣"的良性竞争环境氛围。

5.2.3　创新创业教育缺乏个性化辅导，"封闭化"严重，协同效应难以发挥

大湾区日趋国际化，高校的创新创业教育仍然拘泥于封闭式教育，跨专业碰撞、跨学校合作以及跨区域交流等比较少，很难开展创新创业教育，无法借助外部优质师资与外部优质模式实现高校创新创业教育的跨越式发展。例如，广州大学城集聚多所高校，但是可共享的创新创业教育资源却非常有限，从实际来看，高校与高校间甚至都未构建创新创业教育学分互认制度，短期内很难落实交流合作机制。香港地区的创新创业氛围较为浓厚，创业教育模式也呈现国际化，这就为内地高校树立了榜样，但是粤港澳高校交流活动较少，合作项目也以短期创业讲座、临时创业讲座、创业训练营为主，缺乏常规化创业课程改革、创业实践支持以及创业导师

培养等交流合作机制，"封闭化"致使高校创新创业教育出现对接难的问题，协同效应难以发挥，教育实践效果并不理想，无法满足粤港澳大湾区的人才建设需求。

5.3 青年大学生对粤港澳三地法律制度知识储备不足

青年大学生对大湾区内创新创业相关政策信息资源获取途径的差异，可能导致粤港澳三地青年对相关法律制度的认知偏差，当前高校对于粤港澳三地创新创业的教育主要停留在双创策略的层面上，较少涉及法律层面，导致青年大学生对于创新创业相关法律制度的认知不够深刻，法律观念淡薄。目前国家对青年大学生创新创业的法律保障还有待完善，立法层次较低。

5.3.1 大湾区的政策和相关资讯分散零碎，缺乏一个强大的宣传平台

粤港澳青年普遍对大湾区整体发展认识不够充分，尤其是生活在"一国两制"下的港澳青年更多从媒体的不全面报道获取对内地乃至大湾区的浅薄认识，产生对内地城市发展配套不足、与内地文化不相适应的忧虑。另外，粤港澳三地的青年大学生对大湾区的创新创业优惠政策了解不足，听说过《粤港澳大湾区发展规划纲要》的受访者仅有 25.02%（见附录 1 第 10 题），受访者获取此类信息的渠道比较单一（见附录 1 第 9 题），这说明大湾区的政策和相关资讯分散零碎，宣传渠道不畅通，缺乏一个全面统筹，资讯丰富具体的粤港澳大湾区宣传平台。

5.3.2　信息不对称造成认知偏差，知识获取途径少，难以整合形成共识

粤港澳三地青年大学生了解和获取信息资源途径的不同，会造成认知偏差，甚至还会产生价值观上的误解。港澳青年大学生一般通过 Instagram 和 Facebook 等媒体方式来了解身边发生的事情，但是内地青年大学生一般通过微信、微博、今日头条等了解新闻，因此港澳青年大学生对于内地情况特别是大湾区的建设不了解甚至会有各种误会和不理解。此外，大湾区的相关配套政策缺乏对大湾区广大青年大学生群体的针对性，尚未落实到创新创业过程中的方方面面。同时大湾区各地区提供的信息、知识资源参差不齐，无法形成有效的整合，特别是法律制度方面，导致青年大学生群体对大湾区资源产生肤浅认知，对相关信息缺乏准确的了解把握。

5.3.3　当前大湾区高校创新创业法律教育发展存在问题，严重影响大学生创新创业成功率

创新创业法律教育课程涵盖的法律门类很多，涉及合同法、公司法、知识产权法等相关内容，但目前多数高校创新创业法律课程设置主要依托于大学生创新创业课程、大学生就业与指导、思想道德与法律修养以及相关法律选修课程和创新创业法律讲座来向高校学生传授，而高校创新创业法律教育师资队伍缺少相关法学专业的教师，这样的现实情况导致授课内容理论深度不够，知识结构和理论水平难以完全满足创新创业法律教育的专业性及实践性要求。同时，这样的创新创业法律课程往往比较碎片化，难以使学生掌握到系统的创新创业法律知识体系。因而即使学生参与了这样的课程，也很难真正对其创新创业行为提供实质性的法律层面的帮助。

当前高校开展的创新创业教育更多倾向于创新创业知识、策略等技术层面，忽视了创新创业意识尤其是法律意识层面，导致学生因为不懂创新

创业相关法律规定，不能识别与防范创新创业活动中的法律风险，缺乏法律规则意识，严重影响了创新创业行为的成功率。

5.3.4　立法层次低，大学生创新创业缺乏足够的法律依据与法律支持

当前，国家能够为大学生创新创业提供的法律保障非常有限，且立法层次较低。例如，《中华人民共和国就业促进法》（以下简称《就业促进法》）对大学生自主创业提供了相关的法律保障，但是其中很多法律知识概述较为模糊，并且不能对大学生创业责任制有具体的规定，只是对总体上的问题有大致的介绍，在实际大学生开展的创新创业中，能起到的作用非常有限，操作性不强。此外，促进大学生创新创业的地方立法也欠缺，除深圳市、珠海市、东莞市、广州市先后出台了相关规定，其他地市仍在酝酿之中。

5.3.5　青年大学生创新创业法律观念淡薄，缺乏对不同法律的比对研究

大学生创新创业逐渐成为当代大学生实现人生理想的主要途径，也是证明自身能力的重要表现，但是，在大学生群体中很多都缺少社会经验，年龄也都较小，为此，在社会上常常四处碰壁，经常上当受骗，遭受了不少损失。例如，违约失信、无意中侵犯他人知识产权、避税偷税漏税等行为，都反映出青年大学生缺乏相应的法律意识，创新创业法律观念淡薄。一旦产生这些问题并造成结果，在司法上可能导致大学生信用产生危机，留下的不良记录将严重影响他们个人的后续发展。尤其在大湾区进行创新创业，由于缺乏对不同法律制度的比对研究，很容易就会在这个过程中"踩雷"。目前针对此类情况，我国缺乏对大学生明确有效的法律保护机制，无法体现出公平创业、诚信创业、和谐创业的方针，在规范上缺少系

统性和原则性。同时，对于青年大学生到大湾区创新创业的指导方针尚未出台，缺少公开透明，导致大湾区青年学习和实践的热情不够浓厚，以现有的设施设备，难以充实知识和经验储备。

5.4　缺乏宏观认识和对创业各个环节的具体规定的了解

如今的高校创新创业教育涉及的主要是概念和理论上的知识，青年大学生接触理论层面知识为主，在实际操作中对创业的具体环节和内容不够深入了解以致陷入迷茫，影响其创新创业的自信心。创业作为一项活动具有系统性，它不是一项简单的、容易实现的工作，它需要创业者具备一定的资金、社会关系、管理能力和技术。同时，创业者要牢牢把握机遇，整合资源，最终成功实现创业。但从目前来看，我们的大学生群体明显缺乏宏观认识和对创业相关具体规定的了解，这使得他们在复杂的市场环境中难以果断做出有利的决策，难以推动创业发展。

5.4.1　观念认知陈旧，缺乏宏观认识

大部分香港青年会认为香港特区的创业环境相对内地而言会更加优越，至今这个偏见还存在。经过 40 多年的改革开放，"一带一路"和大湾区文化经济兴起等一系列的跨越，内地针对青年创业的法律法规也在逐步完善，较过去将残疾人与创业者的补贴优惠混杂一起，国家逐步把创业这部分独立出来，随着"大众创业、万众创新"的提出，内地掀起了轰轰烈烈的"草根"创业浪潮，配套的法律法规建设不断优化完善，内地的创新创业环境已经有了很大提升。

澳门特区在回归祖国之后坚定拥护"一国两制"，积极投入国家建设，充分发挥其潜力，随着内地创业的热潮卷席全国，澳门特区也出台了相应

的政策来促进澳门青年创业，澳门本地出台《青年创业援助计划》《中小企业援助计划》等创业激励政策促进澳门青年走上创业路，与广东省致力于开发横琴新区相得益彰。

5.4.2 粤港澳创业青年缺乏对创业各流程细节的了解

如今的高校创新创业教育涉及的更多是概念和理论上的知识，传递给学生的知识一般都是一些创业需要的品质或者性格之类的概念类常识，涉及当地切切实实的创业步骤却极少，有一些专科院校作出了专业与职业在当地的对应路径，但总体而言，没有各个行业或者是更进一步对应当地创业的一般路径的普及教育，进而导致了青年大学生在接受了所谓的创新创业教育之后还是对自己的创业之路比较迷茫，很多细节得不到提醒而吃大亏甚至中途夭折。

5.4.3 实证研究成果单薄，对大湾区的内在规律和演变原理把握不足

近年来有学者开始从理论层面探讨大湾区经济的形成问题，但对于大湾区经济活动规律性的挖掘还不够深入，如对大湾区内、大湾区与外部的产业经济发展历程的剖析，对大湾区创新与协调发展的测度，差异化区域金融结构融合等方面。同时，有关粤港澳大湾区的研究成果绝大多数都是规范性、预测性或者统计性分析，而应用数理模型进行测算和实证检验的研究成果仍然偏少。实证研究成果单薄，意味着对大湾区的内在规律和演变原理把握不足，种种的不确定性因素影响着青年大学生对大湾区经济未来前景的分析和创业蓝图的勾勒。同时，主要以宏观数据资料作为分析依据的理论研究，无法细化到各地各行各业及各个群体，学生青年也难以将这些成果应用在创业实践之中。另外大湾区经济涉及多个学科，如果理论研究的学科覆盖面不广，将无法为各学科人才提供充分的参考指导，不仅

阻碍他们大展拳脚，在一定程度上也影响着跨区域跨产业的合作，使他们对大湾区建设的贡献力度大打折扣。

5.4.4　创业目标与市场需求脱节，难以适应开放经济大环境

当前，大湾区的创业"脱节化"主要体现在三个方面：一是创业质量与大湾区的发展需求脱节；二是创业方案与青年学生的创业现实需求脱节；三是创业理论与创业实践脱节。大湾区建设对涉及先进制造业与现代服务化的创业项目产生了更多需求，但是，当前创业规模的扩张并未同步带来创业质量的提高，影响了大湾区创业人才的培养和储备。目前，大湾区有大量的中小企业，多数受制于人才、技术、资本等要素，没有能力进行自主创新，仍以模仿创新的模式进行"贴牌生产"，虽然生产数量较多但仍不具备形成品牌的能力，无法满足市场多元化需求，实现利润最大化。相比之下，学校主导下的创业教育往往理论有余而实践不足，初出茅庐的学生青年由于缺乏经验难以琢磨到市场需求，对具体创业环节了解不清，必然会产生现实环境与期望的偏离，他们的创业成果生命力不强，后手准备不足，可变通的途径也不多，难以适应开放经济大环境。

第6章 粤港澳大湾区青年大学生创新创业政策环境问题的原因分析

"一国两制"是两种不同的社会制度，三种不同的法律制度和三个税区，在这个前提下必定会产生许多法律问题。因此，我们必须要了解这些局限并分析问题产生的原因，才能找到促进大湾区分工合作和互联互通的突破点。

6.1 粤港澳大湾区相关的配套法律法规在逐步完善之中

目前粤港澳三地法治发展不平衡的情况较为突出，其中港澳地区法治化程度较高，内地的法治化程度虽然在不断推进，但广东省珠三角九个城市间的法治状况也存在诸多差异。人才流动、相关配套政策效果不明、城市间虹吸效应等问题制约着创新创业的发展，决定了完善相关配套法律法规的复杂性和迫切性。

6.1.1 人才流动障碍给创新创业带来制约

根据国家对出入境的有关规定，往来港澳地区的内地籍中国公民需要办理中华人民共和国往来港澳通行证，持证人须在往来港澳通行证和签注有效期内，按照规定的次数和停留时限往来香港或者澳门。内地居民往来港澳签注分为 6 个种类，即探亲（T）、商务（S）、团队旅游（L）、个人旅游（G）、其他（Q）、逗留（D），根据申请事由分类签发。① "一周一行"政策在 2015 年 4 月 13 日起生效，即深圳市户籍居民在一年内可赴香港自由行 52 次的政策，只需要 100 元签注费用就可以享受一年内 52 次访港。持用"一周一行"签注的深圳市户籍居民可在每个自然周的周一至周日前往香港 1 次，每次可在港逗留 7 天。原"一签多行"签注在有效期内可继续使用。此举为深圳户籍的人才往来香港提供了便利，但是，对于不具有深圳户籍但具有强烈创新创业意愿的大湾区人才依旧存在着交流限制。

粤港合作的第一个纲领性文件是 2010 年 4 月 7 日签署的《粤港合作框架协议》（Framework Agreement on Hong Kong/Guangdong Cooperation）②，它在人才流动方面鼓励双方主管部门或有关专业团体、行业机构等在国家批准下，就有关专业人才资格管理加强交流，研究进一步简化有关广东专业人才到香港工作的审批程序。

《粤澳合作框架协议》③ 指出，统筹跨境基础设施规划、建设和运营，创新通关便利政策，推进人流、物流、资金流和信息流便捷互通。实施《粤澳合作框架协议》2020 年的重点工作之一是统筹宣传推广"双创"资源，做深做实大湾区青年实习计划。支持建立粤澳青年创业就业试验区，推进创新工场、文创社区、创业区、创业谷等青年创新创业基地建设。共同打造品牌，加大资源投入，推出全方位服务支援，鼓励和吸引更多澳门青年入驻。④

①　往来港澳签注种类 [EB/OL].（2014 - 01 - 04）[2024 - 01 - 29]. http：//www. zlb. gov. cn/2014 -01/04/c_125956478. htm.
②　粤港合作框架协议 [EB/OL].（2010 - 05 - 14）[2024 - 01 - 29]. http：//hk. mofcom. gov. cn/article/ddfg/t/tzzhch/201005/20100506914145. shtml.
③　粤澳合作框架协议 [EB/OL].（2011 - 03 - 06）[2024 - 01 - 29]. https：//www. gov. mo/zh - hant/wp - content/uploads/sites/4/2017/10/cn20110306 - 1. pdf.
④　实施《粤澳合作框架协议》2020 年重点工作 [EB/OL].（2020 - 10 - 30）[2024 - 01 - 29]. http：//hmo. gd. gov. cn/gkmlpt/content/3/3032/post_3032776. htm#72.

但是，落实到具体政策支持上，仅存在香港特区政府对深圳籍人员的特殊优待，珠三角九市中其余的 8 市户籍的人才仍是原来的出入境政策，澳门特区政府也并未出台新的配套服务和政策。出入境的不便、签注次数限制和期限限制，加之签注的费用又进一步增大了开支，从而给青年大学生赴港澳的创新创业意愿造成打击，具有高技能的人才的流动也因基础条件被制约。

港澳籍人员来往内地需要准备港澳居民来往内地通行证，如果短期来内地需要办理暂住登记。尽管相较于内地人员来往港澳已经简便许多，与内地各个城市之间交通所需的证件准备和费用开销相比较，粤港澳大湾区的交流政策上仍存在着劣势，为三地的人才流动、创新创业实践、交流学习带来了限制，并未真正实现粤港澳大湾区创新人才资源的深度融合，也更加不利于粤港澳三地的青年大学生开展创新创业活动。

6.1.2 创业配套政策未发挥实际效用

为推进粤港澳大湾区各领域职业资格认可，促进粤港澳大湾区人才自由流动，广东省政府发布的《关于推进粤港澳大湾区职称评价和职业资格认定的实施方案》明确，到 2020 年实现构建开放的粤港澳职称评价机制，逐步实现粤港澳三地职称评价对接，到 2025 年达到粤港澳三地的职业资格互认政策衔接和服务协同初步实现。目前，医师、教师、律师、建筑规划师、专利代理师、注册会计师等多个行业的港澳专业人才在珠三角九市还无法实现便利化执业，仍有赖于广东省从制度上持续推动，在三地之间仍存在着具有区域性限制的职业，给具有相关职业资格的青年大学生跨地域创新创业造成阻碍。

在住房政策上，作为人才引入政策的重要保障，住房政策应及时调整，以应对供不应求的局面。大量的人才涌入珠三角九市，不断增大的人口密度给住房市场带来了极大的压力。尽管大湾区各地政府为引进人才提供配套住房、购房补助和租房补贴等，但由于人才公寓供给不足、高额住房开支和生活成本等问题，给青年大学生的创新创业带来不少顾虑。住房需求和住房供给的极度不均衡，势必会造成人才的大规模流失。

在创业补贴方面，根据《广东省人力资源社会保障厅 广东省教育厅 广东省财政厅关于部省属高校毕业生就业创业补贴项目实行属地管理》，高校毕业生就业创业补贴核发工作已经从省级部门下放到地方实行属地管理。省内各地的政策不尽相同，监管水平参差不齐。《广州市鼓励创业投资促进创新创业发展若干政策规定实施细则》，科技型中小企业投资补贴须达到在广州注册，认缴受托管理资金在 1 亿元（含）以上，其中单支受托基金实缴 5000 万元（含）以上的基本条件方可申请科技型中小企业投资补贴。对于广州注册的种子期、初创期科技创新企业，须达到在广州注册，认缴受托管理资金在 5000 万元（含）以上，其中单支受托基金实缴 1000 万元（含）以上的基本条件方可申请种子期、初创期科技创新企业投资补贴。高门槛的创业补贴不能精准地落实到每个青年大学生的创新创业项目上，且申请补贴需要各方面达到相应的人员规模、资金规模和发展规模，为创业经验不丰富的青年大学生带来了巨大的挑战。《广州市人力资源社会保障局关于支持各类人员返乡下乡创业推动乡村全面振兴有关工作的通知》将正常经营 6 个月以上的返乡创业人员纳入一次性创业补贴范围，青年大学生一般倾向于留在城市创业，不属于该政策的扶持对象。《珠海市创业补贴实施办法》规定在校学生不享受初创企业社会保险补贴和创业失败社会保险补贴。《珠海市高层次人才奖励申请指南》，对达到一定标准的创业类人才才能享有相应的补贴，且对人才类型和实收资本有一定的要求。

6.1.3 大湾区虹吸效应日益凸显

《粤港澳大湾区产业发展及人才流动报告》显示，2019 年大湾区总体人才净流入率为 1.39%，人才虹吸效应明显。珠三角九市中，除江门市外，其他城市均处于净流入状态，其中，深圳市和广州市担当着人才流动中心的角色，从外界流入大湾区的人才有 40.39% 流向深圳市，31.42% 流向广州市，两市占到总数的 7 成以上，如图 6-1 所示。

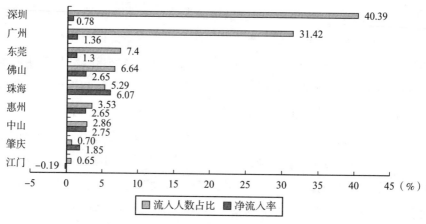

图 6-1　2019 年珠三角九市人才流动情况

资料来源：《粤港澳大湾区产业发展及人才流动报告》。

深圳市作为最早的改革开放城市之一，也是大湾区经济发展的领头城市之一，在"互联网＋"、大数据、工业互联网、人工智能、智能制造等方面取得了瞩目的成就。目前深圳市的网络基础设施建设不断完善，政府数据开放和大数据应用取得了显著的成效，工业互联网发展态势良好，人工智能的核心技术不断完备，智能化水平全面提高，加之深圳蛇口自贸区的贸易高度自由便利化，以及城市的极大包容性成了许多高水平人才到大湾区创业的首选之地。

广州市作为广东省的省会城市，具有雄厚的经济基础和制造业优势，教育、医疗、零售等服务业水平较高，信息消费规模和电子商务交易也位于全国前列。相比于深圳的快节奏，广州的稳步发展、消费水平和高度便利的城市交通网络对青年大学生创新创业地点的选择也具有强大的吸引力。广东省政府发布《广东省人民政府关于复制推广中国（广东）自由贸易试验区第六批改革创新经验的通知》，广州南沙自贸区首创建立国际人才一站式服务窗口、构建聘任港澳籍劳动人事争议仲裁员制度等，政务服务效能的不断提升，营商环境的全面优化举措给青年大学生创新创业带来了更多的选择空间。

与此同时，香港、澳门特区的低税制、教育氛围和创新创业环境向好也在吸引着青年大学生的创新创业选择意愿。香港特区政府公布的《香港智慧城市蓝图》，规划对智慧出行、智慧生活、智慧城市、智慧市民、智慧政府和智慧经济的建设和相关政策措施的出台，努力利用创新及科技构建的领先城市，增强了香港的吸引力和发展前景。另外，澳门特区政府与阿里巴巴集团签署的《构建智慧城市战略合作框架协议》，协同运用云计算、大数据等互联网技术将澳门打造成为全新型智慧城市，将会给澳门的经济发展带来重要的积极影响，也会成为青年大学生创业地区的最佳选择之一。

香港、澳门、广州、深圳四个大湾区最具经济基础、发展空间的城市，将会成为越来越多青年大学生倾向选择的创新创业地。四个城市相应出台的人才吸引政策力度也在不断加大，为争取高质量人才而不断加大支持的砝码，长此以往这些拥有良好的基础设施、健全的公共服务体系、丰富的创新创业机会的城市将会吸引其他城市的资源要素，城市间的虹吸效应也会越来越显著。久而久之，各个城市之间的发展将会形成强者愈强、弱者愈弱的两极分化局面，各个领域之间的马太效应也会显著体现出来。这样一来，区域协同发展将会变得极为不均衡，让粤港澳大湾区的发展陷入困境从而导致青年大学生创新创业的发展难以得到长久的维持。

6.2　粤港澳大湾区各个城市之间未形成协同发展机制

目前，粤港澳三地逐渐意识到区域合作的重要性，普遍接受一体化发展思路，但由于粤港澳大湾区的分工合作涉及不同体制与多个职能部门等多方利益主体，在协同配合过程中易出现内部竞争与配合度不足的问题，缺少有效的实施路径及协调机制，使得青年大学生的创新创业难以找到突破局限的发展方向。

6.2.1   三地体制差异所带来的内部竞争

青年大学生群体相较于成熟的、具有一定社会资源与工作经验的创业者而言，对于环境的需求更加高，更加需要外部资源的支持。政府与政府之间的竞争，制度之间的衔接不当有可能导致行政壁垒、恶性竞争等问题的产生。大湾区本身的合作主体是企业，而不是政府，合作的核心是政府来推进，政府制造合作的氛围、环境、体制，政府不能代替市场。

香港贸易发展局内地总代表钟永喜指出，大湾区建设要通过开放和创新来打破粤港澳三地的人员、技术和资金壁垒，将大湾区内各城市的优势聚集形成企业或集群的竞争力，以及加强大湾区内的人才流动。①

6.2.2   三地城市间的协同配合不足

粤港澳原有的产业基础较为成熟，在成熟的产业环境当中，意味着内部竞争已经趋向于稳定，对于新入竞争者的排挤问题会更突出，青年大学生群体在经验、资源等方面都比较匮乏，如果以老一套的产业基础作为创业方向，终究难以与发展成熟的产业相竞争，最终大概率失败离场。大湾区作为新兴的湾区经济，其对于青年大学生创新创业所带来的机会，是建立在对新兴市场的创新之上。但是，从目前来看，由于各地之间的产业协同配合发展还不够，没有给予青年大学生群体在进行创新创业的过程中提供必要的外部环境支持，最终导致了粤港澳大湾区内的青年大学生创新创

---

① 钟永喜：湾区建设如何打破粤港澳三地的壁垒？有两个关键词 ［EB/OL］.（2023 – 10 – 10）［2024 – 01 – 29］. https：//i. ifeng. com/c/8TlhCDsZAqk.

业没有找到合适的发展方向。只能够被动地选择已经发展成熟的产业来进行创业。如在新式茶饮行业中，总部位于广东省深圳市的喜茶这一品牌脱颖而出，不少青年大学生由于缺乏相应的产业引导，仅看到喜茶品牌的成功，就扎堆到这个产业中，却未能够复制出同样具有影响力的新品牌。

6.3　高校缺乏双师型师资力量且未形成产学研的全链路

在创新创业的教育工作中，配套充实的师资力量是确保高校双创教育教学质量的关键。当前，大湾区高校的创业教育基础设施相对薄弱，产学研模式处于断裂状态，师资的专业水平与实战经验不足，高校很难筑起教师与学生双创教育交流的桥梁，发挥应有的教育支持平台作用。

6.3.1　高校的创业教育基础相对薄弱

在高水平人才的培育上，高校对于整个大湾区经济发展发挥着无可比拟的重要作用。在促进大湾区的青年大学生创新创业的发展过程中，高校同样也扮演着至关重要的角色。象牙塔中成长起来的大学生群体，其自身的资历、眼界、视野、工作能力、创业水平等方面的综合素质都是需要经过不断的历练才能够适应竞争激烈的社会环境。特别是在大学生创业的早期，大学生更是需要有着更多方面的支持，才能够提升自身创新创业的机会与成功率。高校便是在其中扮演着引领者与支持者的角色。

不同于过去，当前大学生创新创业已经逐渐发展成为一门新的学科，高校领域中也有不少研究者与专家专注于大学生创新创业的学校教育上，意在给予大学生在创新创业过程中的相关指导，适应国家推进大学生创新创业的整体政策导向。因此，不少高校都已经设立了相关的学科与课程，面向在校大学生群体给予必要的教育支持。高校的创新创业教育有着相对基础的教学流程与教学安排，让大学生在校期间学习与提升自身的创新创业能力。不过，从当前粤港澳大湾区的整体高校教育发展现状来看，对于大学生创新创业的教育却还处于发展初期的阶段当中。

目前大湾区高校主要的问题是师资层面上的不足，不少高校开展创新创业教育，相关的师资结构主要是从原有的公共教学部门进行人员转化，不少课程教师此前并没有相关的创业教育基础，更有一些是经过后期的培训后勉强达到教学基础要求后便上岗授课的，这就造成在给大学生进行授课的时候，其知识结构往往只能够勉强应付普通大学生。当学生自身具有了一定程度的知识结构与经验，存在更加深层次的问题需要由教师来进行解答的时候，往往存在教师由于自身的实战经验不足，理论基础不牢固，难以有效地解答学生的疑惑，也导致了对于学生的创新创业教育只有理论知识，却难以真实地应用于实战当中。事实上，这不仅仅是粤港澳大湾区在推进大学生创新创业的过程中高校层面所存在的问题，更是大多数高校的共性问题。

其内在的主要原因还是在于高校层面对于大学生创新创业教育的重视程度不够，具有教育与创业实践双重背景的教师资源过少，高校层面没有引入相应的人才，没有将自身的教育作用与粤港澳大湾区的整体发展紧密地联系在一起，也没有重视高校自身对于人才培养所发挥的重要作用。最终导致了高校层面未能发挥出应有的教育支持作用。

6.3.2 高校的产学研机制未明确

高校在促进粤港澳大湾区的大学生创新创业发展当中，所发挥的作用还未能够完全到位，作用未完全发挥的问题当中，不仅仅是高校内部的师资资源不足的原因，还有更加重要的是高校自身的产学研机制没有打通，还没有构建出全面的产学研全链路，导致产业与市场对于大学生创新创业的支持不足。

高校不仅是教育培养的基础，也是搭建人才与社会之间桥梁的重要纽带。目前的粤港澳大湾区建设当中，高校的作用更多的是培养社会所需要的人才，这一类的人才培养更多的是通识教育，给予学生基础的理论学习，学生的成长成才需要学生通过自我的实践才能够达成目标。但事实上，大学生的创新创业教育与支持，并非简单地给予理论指导，还应给予学生必要的产业发展引导与资源支持。当前，大多数粤港澳地区的高校，除了少部分工科类院校外，不少高校还没有全面的产学研链路，高校与产业之间的合作，往往只停留在基础的人才招聘工作上，高校普遍没有针对创新创业方面与校外企业进行合作。即使有部分高校与企业之间达成了相应的合作，但也是从较为基础的层面进行合作。产学研的深化合作对于创新创业的发展有着关键的作用，有助于大学生对产业与市场有更加清晰的了解，也可以给予学生更加了解当前真实产业发展情况的必要环境支持，为学生未来的创新创业发展提供必要的支持。

　　但是，就目前的发展现状来看，大湾区的高校教育中，产学研的链路发展基本上是处于断裂的状况。一方面是学校层面的社会资源不足，未能在更加深层次的合作基础上吸引更多的产业与企业加入学校对于创新创业的人才培养中来；另一方面是高校层面对于学生的创新创业成果的转化还没有相应的转化机制，与市场之间的联系不够紧密，特别是对校内创新创业项目的落地与转化还没有较为全面的转化机制，这也是导致当前学生创新创业的成果往往只能够在校内孵化，当走出校外，面向社会竞争的时候往往便会面临失败的重要原因。高校的产学研全链路没有被打通，创新创业项目只能停留在校内孵化阶段，没有来自产业与企业的资源，资金方面的需求也难以得到满足，创新创业项目得不到市场的认可和投资，大学生的创新创业项目就只能一直停留在早期阶段，这也是当前大多数的高校创新创业项目还未能得到有效的市场经营，便已经以失败收场的重要原因。

6.4 《纲要》实施后大湾区青年大学生创新创业面临的挑战

2019 年《纲要》将创新创业列为国家发展战略，国家的新生力量——青年大学生接过创新创业的大旗，面临的挑战是从零到一的创举，在创业的过程中面临地域差异、法制环境差异、历史观念差异等冲突带来的一系列问题。

6.4.1 公共治理环境差异

公共治理是由开放的公共管理与广泛的公众参与二者整合而成的公域之治模式，具有治理主体多元化、治理依据多样化、治理方式多样化等典型特征。公共治理的发生和运行以其环境的建构为保障，而公共治理的环境是一种先于公共治理又构成公共治理运行框架的背景条件。对于粤港澳大湾区来说，三地的公共治理情况不尽相同甚至有些是冲突的，构成了一种复杂的环境。"平台论"认为创新创业环境是由政府和社会为创新创业者提供的一个广泛的公共平台。① "系统论"认为，创新创业环境是由经济系统、社会系统、政治系统等组成的。② 李琴（2018）认为创新创业环境是一个系统，而这个系统由资源、行为、行为主体三要素构成（见图 6-2）。造成粤港澳大湾区内的公共治理环境差异化的原因是三地的政府、协会、高校以及科研机构的差异，是整个创新创业环境的行为主体不同，达成目标一体化的前提是三地达成共识，通过不断的交流活动去促进要素在整个创新创业环境的流转。

---

① 张玉利，李乾文，李剑力. 创业管理研究新观点综述 [J]. 外国经济与管理，2006 (5)：1-7.

② 蔡莉，崔启国，史琳. 创业环境研究框架 [J]. 吉林大学社会科学学报，2007 (1)：50-56.

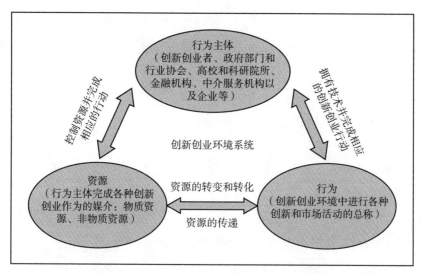

图 6 - 2　基于三要素的创新创业环境系统构成

资料来源：李琴. 优化创新创业环境的政府行为研究［D］. 成都：电子科技大学，2018.

　　公共治理环境的行为主体是政府以及政府部门和行业协会、高校和科研院所、金融机构、中介服务机构以及企业等，各个部分各司其职，随着粤港澳大湾区协同化观念的推进，一些三地认可，共同设立的机构也在逐渐建立起来，近年来，为深入贯彻习近平总书记提出的"要为港澳青年发展多搭台、多搭梯"①，多方力量集体建设了"1 个总部 + 3 个服务中心 + N 个产业服务基地"模式的"大湾区青年家园"实体阵地，以深圳湾科技生态园大湾区青年家园南山服务中心为总部；南山智园深港青年创新创业基地、香港青年大湾区三业服务中心和南山区青少年活动中心（滨海部）3 个服务中心为分部，同时与深圳市蓝海大湾区法律服务研究院、深圳南山微漾国际创客空间、深圳书城简阅书吧有限公司、深圳前域文化科技有限公司、深圳市立方汇、深圳市华弘智谷科技有限公司 6 家知名机构合作共建法律、国际人才

---

　　① 与祖国共奋进的青春最美——全国政协"促进港澳青年更好融入国家发展大局"双周协商座谈会综述［EB/OL］. http：//www. cppcc. gov. cn/zxww/2023/08/28/ARTI1693186372244178. shtml.

创业、人文交流、文创、人才服务、科创6个产业服务基地。

公共环境的治理共同目标是为了通过行为主体的干预，调节公共区域内个体的冲突问题，缓解各个主体之间的矛盾，最后实现统一治理。

6.4.2　营商环境差异

营商环境是涉及社会要素、生产要素和法律要素等汇集的系统工程，良好的营商环境是促进本地企业积极生产以及吸引外来投资的重要因素，从2015年5月12日，国务院首次提出了"放管服"改革的概念[①]，到2023年的国务院政府工作报告中的"大道至简，政简易行"，政府正在一步一步地简政放权，让企业少跑审批，多干实业，进一步减少企业合法经营的程序，更多的程序化过程也由线下转化为线上进行，减少程序上的成本。根据《2020年中国296个城市营商环境报告》[②]统计的营商环境总水平，深圳、广州分别位居营商环境城市排名的第1名和第4名，珠海、东莞、佛山、中山、惠州、江门分别位居第15、18、22、36、37、43位。市场主体数方面，全国在300万户以上的只有深圳一个，广州在200万~300万户。

香港和澳门都是特别行政区，依托内地强劲的经济发展增速，受惠于内地的优惠政策，凭借良好的国际营商环境，以自身"自由港"的地位成为国际商贸枢纽，不断吸引着内地以及境外的投资者去设立企业。在《纲要》提出之后，粤港澳三地更趋同于凝聚成一个整体，成为一个具有强大生命力的全球窗口。香港特区的营商环境是国际公认的优异，2019年10月24日，世界银行发布《2020年营商环境报告》，香港在190个经济体中位列全球最便利营商地的第三位，排名较上年上升一位。2019年11月14日，澳门贸易投资促进局、广东省市场监督管理局及澳门特别行政区

---

①　2023年国务院政府工作报告［EB/OL］.（2023 – 03 – 05）［2024 – 01 – 29］. https：//www. gov. cn/zhuanti/2023lhzfgzbg/index. htm? eqid = b1bce34700006dbc00000002645df47c.

②　2020年中国296个城市营商环境报告［EB/OL］.（2021 – 08 – 23）［2024 – 01 – 29］. https：//img. 21jingji. com/uploadfile/2021/0120/20210120023743599. pdf.

政府法务局于同日在澳门特区首次共同举办"粤港澳大湾区（深圳福田）营商环境推介会"。2020 年 1 月 7 日，澳门特区经济财政司司长李伟农听取澳门中华总商会意见，表示将不断优化营商环境、扶持中小微企业，会议中，澳门中华总商会会长马有礼、时任理事长高开贤及有关的负责人在会议上提出了建议，如全面检讨和修订《劳动关系法》，容许劳资协商，并希望建立劳资双方的沟通机制。希望龙头产业可以带动其他行业协同发展，尤其是博企继续向本地中小企采购，促进中小企提质发展。允许外雇人员参加部分职业培训课程，以提升中小企业的服务水平和经营能力等。

　　内地政策以及营商环境的优化，让港澳地区与内地的差距变小，让内地追上香港、澳门的吸引力，由点及面，激发内地全面的创新创业活力。2020 年 1 月 1 日国务院发布的《优化营商环境条例》正式施行，2020 年 12 月 12 日，广东省人民政府印发《广东省人民政府关于印发〈广东省深化"放管服"改革优化营商环境近期重点工作任务〉的通知》。2022 年全省 21 个地市营商环境评比中，深圳市、广州市为第一档，佛山、东莞、珠海、江门、肇庆、惠州、中山、汕头、清远、湛江 10 个城市位列第二档。2022 年 7 月 1 日《广东省优化营商环境条例》施行，紧接着 2023 年出台了配套的行动方案即《广东省优化营商环境三年行动方案（2023—2025 年）》，珠三角九市为了优化营商环境，近 5 年来也出台了不少相关措施，如表 6-1 所示。

表 6-1　　　　2019～2023 年珠三角九市政府优化营商环境的措施

城市	优化营商环境的措施
广州	① 2019 年 5 月 22 日，《广州市人民政府办公厅关于印发〈广州市优化口岸营商环境促进跨境贸易便利化工作方案〉的通知》； ② 2020 年 8 月 3 日，《广州市黄埔区人民政府　广州开发区管委会关于印发〈广州市黄埔区、广州开发区、广州高新区鼓励市场主体参与营商环境建设办法〉的通知》； ③ 2021 年 1 月 1 日起正式实施《广州市优化营商环境条例》； ④ 2021 年 3 月 29 日，《广州市人民政府关于印发〈广州市深化"放管服"改革优化营商环境 2021 年重点工作任务〉的通知》； ⑤ 2021 年 5 月 11 日，广州市人民政府印发《广州市用绣花功夫建设更具国际竞争力营商环境若干措施》； ⑥ 2024 年 1 月 4 日《广州市优化外商投资环境加大吸引外商投资力度若干措施》印发实施

续表

城市	优化营商环境的措施
深圳	① 2021 年 1 月 28 日，深圳召开口岸营商环境推进会； ② 2021 年 2 月 24 日，全市企业服务工作会议召开，助力深圳打造全球一流营商环境； ③ 2021 年 3 月 5 日，深圳市市场监督管理局发布《深圳经济特区商事登记若干规定》修订稿并发布实施； ④ 2021 年 6 月 18 日，深圳市发展和改革委员会发布《深圳市 2021 年深化"放管服"改革　优化营商环境重点任务清单》； ⑤ 2021 年 7 月 20 日，深圳市龙岗区优化营商环境改革工作领导小组发布《深圳市龙岗区关于持续优化营商环境支持市场主体更好发展的若干措施》
佛山	① 2021 年 1 月 28 日，佛山市中级人民法院印发《关于佛山法院进一步做好优化营商环境工作的若干意见》； ② 2021 年 7 月 19 日，佛山市人民检察院发布《服务保障打造一流营商环境十二项工作措施》
珠海	① 2020 年 4 月 13 日，珠海市人民政府办公室印发《珠海市人民政府办公室关于做好优化营商环境改革举措复制推广借鉴工作的通知》； ② 2020 年 4 月，珠海市委、市政府印发《珠海市 2020 年开展深化机关干部作风专项整治工作方案》《珠海市 2020 年开展营商环境突出问题专项整治工作方案》； ③ 2020 年 9 月，珠海市人大常委会颁布《关于优化珠海市营商环境的决定》
东莞	① 2020 年 3 月 4 日，东莞市人民政府发布《关于进一步优化政府服务　加快惠企政策落实的实施办法》； ② 2020 年 5 月 22 日，《东莞市人民政府关于印发东莞市深化"放管服"改革优化营商环境 2020 年工作要点的通知》
江门	① 2021 年 4 月 2 日，《江门市人民政府关于印发〈江门市深化"放管服"改革优化营商环境 2021 年重点工作方案〉的通知》； ② 2023 年 11 月 1 日，江门市出台《江门市贯彻落实〈广东省优化营商环境三年行动方案（2023—2025 年）〉工作方案》（简称"优化营商环境'38 条'"）
肇庆	① 2021 年 1 月 12 日，肇庆市人民政府印发《优化营商环境　建设高质量法治政府》； ② 2021 年 6 月 5 日，肇庆市人民政府办公室印发《肇庆市进一步优化营商环境若干措施》； ③《肇庆市优化营商环境条例》于 2023 年 11 月 1 日施行
惠州	2020 年 7 月 27 日，惠州市政府印发《推进简政放权优化营商环境》
中山	① 2019 年 8 月 13 日，中山市发展和改革局印发《中山市进一步深化营商环境综合改革 2019 年工作要点》； ② 2021 年 1 月 20 日，中山市发展和改革局制作《优化营商环境进行时　中山营商环境综合改革 2019 年回顾和 2020 年计划》； ③《中山市优化营商环境条例》于 2024 年 1 月 1 日施行

资料来源：各市政府网站。

6.4.3　语言文化、价值观差异

根据霍夫斯泰德文化维度理论，可以通过五个维度来对比民族文化，分别是权力距离、不确定性规避、个人主义/集体主义、男性化与女性化、长期/短期关系，我国内地与香港特区的文化差异，如表6-2所示。

表6-2　　　　　　　　　内地与香港特区的文化差异

文化维度	内地	香港特区
权力距离	大	小
不确定性规避	较弱	较强
个人主义/集体主义	强集体主义	强个人主义
男性化与女性化	中性	偏男性
长期/短期关系	长期	短期

资料来源：董璐. H集团香港公司跨文化冲突及对策研究［D］. 昆明：云南财经大学，2020.

基于霍夫斯泰德文化维度理论，内地与香港特区之间权力距离和不确定性规避两个方面差异化程度很明显。① 权力距离是指社会承认权力在机构以及企业内分配不平衡的一种度量。由于内地和香港特区地理位置、经济水平、文化背景、历史沉淀以及语言习惯等诸多种因素的差异，导致两地对工作中上下级关系的认同存在很大差异。内地学生基础教育的特点是政治教育吸收道德教育和通识教育，在核心能力上以数理基础见长，对西方价值观存在精神上不适应和功利心理上趋向的矛盾性；而香港特区的学生在基础教育阶段以教会教育和自然科学教育为中心，价值观与西方趋同，因此相应的"地理隔离"无法避免，这也是在两地交流中最应该留意

---

① 曹德春. 我国内地与香港的文化差异及其信仰渊源——基于霍夫斯泰德理论的实证分析［J］. 河南社会科学，2010，18（6）：149-151.

的一点。不确定性规避是指对于未知性事物的接受程度，内地与香港特区分别可以对应着风险中性者以及风险厌恶者，在基督教的大背景下，对于未知事物的风险性接受程度低，香港特区的企业是希望能规避就规避，在启动的时候就已经考虑了很多如何应对关于未来各种可变性的方法，而内地企业更多是先将一件事开头做好，万事先把开头建立起来，未来的事物就随遇而安，抱着一种平和的心态去迎接未来，其中的差异所在除了文化差异之外，还有一部分地理因素，香港是国际金融中心，信息更替日新月异，为了企业存活的时间更为长久，也不得不在变化如此快速的市场上面不断去为未知事物设定计划。

内地与香港特区之间的语言文化差异以及价值观在英国殖民之后已经产生了，而跨区域的企业不应该忽视其中的差异，在日常的工作生活当中，更应该是本着入乡随俗的观念进行文化交流，而企业也应该更多开展一些可以促进公司员工融入当地文化的活动，降低两地之间文化的差异化程度。

澳门文化与香港文化类似，在近代受过外国的殖民统治，但不同的地方在于，葡萄牙国力微弱，对澳门的文化并没有太多的干涉，虽然在语言上澳门地区更加丰富多元，具有"三文四语"的特点，即流通文字为中文、英文、葡萄牙文，语言通行普通话、粤语、英语和葡萄牙语，在澳门地区，葡萄牙人只是占了比较小的一部分，而且基本上是上流人士，民间的口语文化基本是广式口语文化，随着近年来香港人口的流入，香港的语言文化在澳门当地颇有一番反客为主的倾向；在澳门宽松、历史悠久的环境下，广式本土文化保留得还是比较完整的，在语言文化差异上与内地的差距较小。澳门特区的中文教育以汉语为教学内容，将中文与粤语相互融合，符合现代化教育体系标准，澳门特区的教材与内地的教材相差不远，历史书中阐明了香港和澳门回归，从小就在澳门人心中埋下与祖国主流价值观无异的观念，进而提升了澳门青少年对中华文化的认同度。澳门特区通过长时间的文明融合，成功化解了殖民主义对本地文化的冲击，进而保留"澳门特色"。历史上，澳门凭借其独特的地理优势和开放的文化包容度，成为中国与世界文明交融的重要枢纽。在明清时期，澳门就作为传教士集散地推动中西文明互鉴，中西文化的双向传播，一方面向中国推广了西方先进技术和思想，另一方面也推动了欧洲启蒙运动。① 澳门本土既盛行来自福建、广东等沿海地区的妈祖文化，又受西方的基督教、天主教的影响，中西方文化在澳门深度交融，展现"和而不同"的局面。较高的文化适应性使得澳门特区拥有更为自由、多元的经营贸易环境，因此获得许多外资企业的青睐。

在企业内部，内地与港澳地区员工的语言以及行为方面也存在一些差异，如表 6 - 3 所示。

表 6 - 3　　　　　　　　港澳与内地员工行为方式差异

表现	内地	香港特区	澳门特区
语言差异	习惯用普通话，谈话中停顿是三思而行的表现	中英文和粤语交杂使用，说话节奏快，几乎不停顿，谈话中沉默、微笑、点头被视为不重视	具有"三文四语"的特色，普遍使用中英粤语，部分地区使用葡萄牙语
肢体语言	短暂目光接触以示尊重	直视对方被视为自信和诚恳	相对开放自由，习惯使用适当的眼神交流
身体距离	习惯用接触谈话对象的方式表达亲近	对社交距离和亲密距离严格分界，保持社交距离被视为礼貌	具有一定的独立性，保持社交距离

资料来源：董璐. H 集团香港公司跨文化冲突及对策研究 [D]. 昆明：云南财经大学，2020.

6.4.4　青年大学生自身的综合素质和能力差异

《中华人民共和国高等教育法》对大学生综合素质的要求是"高等教育必须贯彻国家的教育方针，为社会主义现代化建设服务，与生产劳动相结合，使受教育者成为德、智、体等方面全面发展的社会主义事业的建设者和接班人。"由此，大学生的综合素质应包括思想品德修养、学习能力、

---

① 孙明霞. 中西文明交融的澳门因素与澳门特色 [J]. 北方论丛，2021（5）：171 - 178.

创新能力、身心健康和人文修养等方面的综合表现。

6.4.4.1 粤港澳青年大学生在思想品德修养方面的差异

习近平在全国高校思想政治工作会议中强调，"要坚持把立德树人作为中心环节，把思想政治工作贯穿教育教学全过程"，"以马克思主义为指导，全面贯彻党的教育方针"。[①] 2019 年 11 月，中共中央、国务院印发了《新时代爱国主义教育实施纲要》，深入开展中国特色社会主义和中国梦教育，大力弘扬民族精神和时代精神，强化祖国统一和民族团结进步教育，进一步深化青年大学生的爱国主义教育，使其深入了解国情，坚定爱国追求。

近年来，境外敌对势力一直蓄意干涉我国香港地区的政治，暗地培养和伺机挑唆高校学生发动类似颜色革命的社会运动，香港地区爱国主义教育面临着严峻的挑战。与此同时，香港地区一些高校对爱国主义教育不够重视，没有把爱国主义纳入考核体系中，造成部分学生肆意发表"港独"言论、袭警、伤害群众等违法行为。因此，加强香港青年爱国主义教育的任务迫在眉睫，提高香港青年国家认同感、民族统一意识是粤港澳大湾区青年大学生创新创业稳定发展的思想基础。

同样实行"一国两制"方针的澳门特区，其青年对国家和民族认同感更为清晰、真诚、普遍。原因在于回归以来澳门特区政府制定了一系列国家指向的教育政策，包括历届特区政府所确立的爱国爱澳教育主线，建立以"公民与道德"课程体系为基干的爱国爱澳教育内容，构筑多元立体全方位的爱国主义教育体系以及社会多部门共同营造良好浓厚的爱国主义教育氛围。

---

① 习近平在全国高校思想政治工作会议上强调：把思想政治工作贯穿教育教学全过程 开创我国高等教育事业发展新局面 [EB/OL]. 2021 - 04 - 11. http://dangjian. people. com. cn/n1/2016/1209/c117092 - 28936962. html.

6.4.4.2　粤港澳青年大学生在学习能力方面的差异

当前，内地应试教育现象严重，对教育和学生的评价单一化，学生以分数作为学习的最高目标和最强动力，教师"为考定教"，学生"为考而学"，创造力和想象力逐渐消失在固定的标准答案中。在学习过程中，学生处于受功利驱使的被动地位，不利于学生自主学习能力的发展。

香港的大学氛围自由、多元、包容，强调自主学习，同时，学校会通过各种方式开阔学生的视野，拓宽学生看待问题的角度。香港的大学中社团活动、宿舍文化等方面给香港大学生带来的课堂之外的历练，使得他们自学能力、创新能力更容易提升。

澳门教育制度和教育方法非常开放，同时善于吸收国际上的先进经验，国际的研讨合作比较频繁，这些都是澳门本地学生培养全球化、国际化视野的有利契机。因此，澳门高等教育培养出来的青年大学生通过国际化的学习交流能够具备超越自身环境所限的洞察力，在全球化的环境下发现产业发展的机遇，通过积极的思考和学科拓展，引领社会和产业的发展。

6.4.4.3　粤港澳青年大学生在创新能力方面的差异

长期以来，内地大部分高校教学方法老旧，以教师为主体，秉承一贯的灌输式教育，忽视了以学生为中心的教学理念，使得学生习惯了机械地、被动地接受知识，探讨式、案例式、问题式等有效的教学方法未得到大多数高校的重视，没有普遍推广和采用，不利于学生在提出、分析、解决问题中发挥主动性和创造性，削弱了学生创新思维及问题意识。在课程设置上，内地现有大多高校对跨学科课程、研究方法类课程设置较少或欠缺，使得学生交叉学科知识、研究方法等掌握不足，知识结构单一，不利于萌发新学术思想。部分课程教学内容滞后，对本学科领域的热点、重点和最新的发展动态较少涉及，信息化、国际化程度不够，缺乏学科前沿知识和边缘学科知识的教学，制约了大学生创新思维的发挥。在考查中，偏重背记性理论基础知识，欠缺对考生综合分析、判断推理、文字表达等能力的测查，期末考试答案模式化、标准化，对其理解、探究、分析、解决问题能力等考查不到位，造成目前大学生整体创新能力和学术能力基础薄弱。在创新创业产学研合作方面，多数高校产学研合作没有真正落到实处，仅停留在理念上，缺少了为大多数研究生提供科学研究、社会实践的机会、场所和环境，造成理论学习脱离社会实际情况，抑制了青年大学生的探索精神和创新潜能。

受香港高校自由、开放的学术氛围及自主学习的教育模式影响，香港青年在创新能力上更具开放性、主动性。近年来，随着粤港澳大湾区创新创业的建设，香港高校以"创新思维"为创新创业教育的核心目标，形成了"教学、实践、研究"三位一体的教育模式，推动产学研合作，促进科研创新成果转化，提高青年大学生的创新能力。如香港城市大学，围绕"重探索、求创新"开展课程教学改革，建立切合办学目标的上下双向互动，注重课外实践创新、跨学科知识创新合作，提高学生的创新成果和专业的契合度，切实保障学生的知识产权等创新创业教育课程改革实践路径，促进产学研紧密合作。香港理工大学以"笃行创新思维和企业家精神"为理念，积极参与粤港澳大湾区的建设，把珠三角地区可持续发展战略等议题纳入学校的教学研究项目，以此作为重点发展策略，在深圳建立产学研基地，为粤港澳大湾区的发展提供新的产学联盟新平台。积极与内地科研机构合作，建立长期紧密的合作关系，积极参与国家重点科研项目，把香港的科研成果积极应用于内地项目，推动粤港澳大湾区科研创新成果转化。

澳门特区青年大学生创新能力与其科创发展密切相关，科技创新水平是创新能力的直观体现，近年来，澳门特区政府大力支持科技创新，彰显科创特色，提高澳门青年创新能力。据统计，截至 2022 年澳门特区目前已建成了 4 个国家重点实验室（"中药质量研究国家重点实验室""模拟与混合信号超大规模集成电路国家重点实验室""智慧城市物联网国家重

点实验室"和"月球与行星科学国家重点实验室")①、3 个教育部人文社
科重点研究伙伴基地 (2019 年 12 月 26 日澳门大学"宪法与基本法研究
中心"及"教育研究中心"与北京大学"宪法与行政法研究中心"及北
京师范大学"教师教育研究中心"成为教育部人文社科重点研究基地②;
2018 年 4 月 16 日澳门科技大学社会和文化研究所与中国海洋大学海洋发
展研究院与澳门海洋发展研究中心共建教育部人文社会科学重点研究伙伴
基地)③、1 个部级工程研究中心 (2019 年 12 月 26 日成立澳门理工学院机
器翻译暨人工智能应用技术教育部工程研究中心)④、参与 31 家粤港澳联
合实验室⑤。此外,澳门特区政府大力支持澳门青年到深合区创新创业,
至 2023 年 9 月,深合区 5 个面向港澳青年的创新创业基地累计孵化港澳
企业项目 717 个,澳门青年创业企业实际办公人数达 1123 人,推动各园
区引入合作投融资机构 24 家。⑥ 澳门积极利用本身国际化的优势与外界进
行资源交换和共享,为澳门学生科研创新提供最新的资源和动向。同时,
澳门高校也与大湾区内其他院校主动分享国际创新科技的经验和成果,为
粤港澳大湾区提供不竭的创新动力,助推大湾区创新驱动型发展。

---

① 【第五届特区政府 2020 - 2022 年工作回顾】四大产业助经济多元 [EB/OL]. (2023 -
02 - 25) [2024 - 02 - 22]. https://mp. weixin. qq. com/s? __biz = MzUyNTM2OTg5OQ = = &mid =
2247576126&idx = 1&sn = 2051e4398b11cf50b57e95391739fc39&chksm = fa1cfd7acd6b746c17814d22c7
afcb9903064eb33a5a9060cacb3d825eadde73c156d69605f3.
② 澳大两中心成为国家教育部人文社科重点研究伙伴基地 [EB/OL]. (2019 - 12 - 26)
[2024 - 02 - 22]. https://www. gov. mo/zh - hans/news/274736/.
③ 教育部人文社科重点研究伙伴基地"澳门海洋发展研究中心"揭牌 [EB/OL]. (2018 -
04 - 16) [2024 - 02 - 22]. https://www. must. edu. mo/cn/iscr/news/22670 - article04260532 - c.
④ 澳门大学教育部人文社会科学重点研究伙伴基地和澳门理工学院教育部工程研究中心分
别举行揭牌仪式 [EB/OL]. (2019 - 12 - 16) [2024 - 02 - 22]. http://www. zlb. gov. cn/2019 - 12/
26/c_1210413722. htm.
⑤ 第三批粤港澳联合实验室名单出炉,高天明等院士担纲主任 [EB/OL]. (2024 - 01 - 15)
[2024 - 02 - 22]. https://baijiahao. baidu. com/s? id = 1788161732748594603&wfr = spider&for = pc.
⑥ 澳门印务局. 中华人民共和国澳门特别行政区政府 2024 年财政年度施政报告 [EB/OL].
(2023 - 11 - 14) [2024 - 01 - 30]. https://images. io. gov. mo/cn/lag/lag2024_14_Nov_2023_cn.
pdf.

6.4.4.4　粤港澳青年大学生在身心健康方面的差异

在身体素质方面，以暨南大学在校的 7 个地区的大学生为研究对象，在肺活量和耐力两项指标中，港澳大学生的数值偏低，和其他地区差异性明显。[①]

随着经济全球化的迅猛推进，不同文明、文化、生活方式的融合与冲突、矛盾和困惑十分突出。从国内环境来看，随着社会主义市场经济体制改革的不断深化，社会经济成分、就业方式、分配方式、利益关系、价值观念日益多样化，就业形势、贫富差距、生活成本等共性问题造成粤港澳青年大学生心理健康问题日益突出。

6.4.4.5　粤港澳青年大学生在人文修养方面的差异

长期以来，我国内地教育普遍倾向于重业务学习而轻人文素质教育，这一倾向不可避免地导致内地大学生普遍人文修养贫乏，精神世界空虚，陷入"迷茫一代""价值真空"的旋涡。

相较于内地，港澳地区引进"全人教育"这一具有前瞻性的教育思想，倡导以育人为本，强调以开发人的理智、情感、身心、美感、创造力和精神潜能为教育目的，注重精神成人。促进港澳青年大学生在人格健全的基础上，全面发展人文精神。

6.4.5　青年大学生的受教育情况差异

6.4.5.1　港澳与内地的青年大学生受教育情况差异

在高等教育普及率方面，《粤港澳大湾区人才发展报告》显示，受高

---

① 甄珍. 港澳与内地大学生体质差异和内地高校体育管理对策［D］. 广州：暨南大学，2013.

等教育人才占常住人口的比例香港是 26.18%，深圳是 25.19%，而东莞只有 15.74%。① 澳门的高等教育虽然起步较晚，但发展趋势快，自 1995 年开始，澳门人口接受高等教育的比例持续上升，到 2019 年，接受高等教育的人口已经超过澳门总人口的 5%。②

在教育管理体制方面，香港的高校管理体系是董事会领导下的校长负责制，大学内部的各类事务交由学者团队共同管理，教授在香港的高校权力很大，他们奉行"教授治学""教授治校"的理念，这种教育管理体系把高校内的管理权力交还给了学术界的大家，一定程度上是将高校教育的效率最大化，但在管理上也会有一定的弊端。

澳门特区在大学治理中给予高等院校较高的自由度和独立性，政府干预力度小，澳门特区政府承担促进院校间交流沟通和监督的角色，在院校管理过程中一般只提供建设性意见。澳门院校一般通过制定各种规章制度和章程建设，从法律规范角度确认和保障了院校的自主管理权。澳门特区辖下的澳门高等教育辅助办公室与各个院校平级，为澳门院校行政自治提供了保障。

内地的高等教育呈现行政管理层级化的特点，当前阶段，教育部仅从宏观方向上对教育改革做出统筹规划，省级教育行政部门负责依据国家政策和本地实际情况，制定本地区的教育改革计划与实施方案。普通院校的经费、人事等具体业务，则由市、县（区）两级教育行政部门根据其归属情况分头进行管理。内地公立高校与港澳高校管理体系最大的不同点，是在高校当中内嵌了类似于累赘的管理体系，一定程度上催化了学生组织官僚化，学生社会气息重等弊端，在学术界也有学者呼吁内地学习香港的高校治理体系，将高校的管理权力交还教育界，并且应该受到社会各界共同管理。

---

① 粤港澳大湾区人才发展报告［EB/OL］.（2018 – 12 – 01）［2024 – 02 – 18］. https：//www.doc88.com/p – 0079127158683.html? r = 1.

② 赵联飞. 澳门教育与发展［J］. 广东青年研究，2020，34（1）：109.

在国际化方面，香港高等教育受历史背景和国际商贸中心的影响，国际化程度比较高。在《泰晤士报高等教育特辑》公布的 2019 年泰晤士报高等教育世界大学排名中，香港高校就有三所入围，分别是：香港大学、香港科技大学和香港中文大学。香港高校推行自由开放的政策措施，促进香港高校与世界各国高校的交流与合作，在师资上，香港各高校以优厚的待遇和优越的工作条件，广揽世界各国优秀人才，当前香港各高校的外籍教师已占30%以上。在生源上，香港各大高校面向世界各国招收海外留学生，并通过各项计划进一步扩展境外留学生的招收。此外，香港高校在教材选用、课程设置、信息化管理等方面都在不断与世界接轨。

受语言背景和国际贸易合作影响，澳门教育在国际化发展中占据优势，为响应"一平台一中心一基地"的建设，澳门把建立中葡人才培养基地作为重要的发展目标。以澳门大学为例，澳门大学在 2018 年的学校重要事项中强调了"一带一路"建设、"粤港澳大湾区合作发展"以及"中葡人才培养"等重要内容，并据此积极推进澳门高等教育与葡萄牙高校及其他葡语系国家高校间的合作。

尽管大湾区内的高校资源在全国范围内都排在前列，但是与世界其他三大湾区相比差距还是较远的，主要是珠三角九市缺乏优秀的世界级高校，国内五所世界百强的高校均在香港地区，内地高校的国际化水平仍有待提高，内地高校在高水平研究方面与香港地区有一定的差异。很多内地学生会以澳门或者香港的高校作为跳板，跳向国际，这是因为港澳高校的毕业证书在国际上比较受用，而珠三角九市的其他高校很少可以做到像港澳这样对接国际，在国际上认可度不足。

在文化认同方面，自中共中央、国务院印发《新时代爱国主义教育实施纲要》以来，爱国主义教育在广大青少年中深入开展，让爱国主义精神牢牢扎根，增强全国人民的民族归属感、文化认同、国家认同。相较于内地而言，港澳地区在回归前长期受英国、葡萄牙外来文化的影响。进入21世纪以来，全球化趋势助长西方个人价值观对港澳青年的影响，港澳青年的国家认同观的形成受社会舆论、媒体等的影响和塑造比较大，而港澳学校对于学生的文化认同、国家认同教育仍较为薄弱。

6.4.5.2　广东省内青年大学生受教育情况差异

在高等教育普及率方面，2021 年 5 月 15 日，《广东省第七次全国人口普查公报》公布了广东省各市的人口受教育情况，其中每 10 万人口中接受大专及以上教育的人数，广州市为 27277 人，深圳市为 28849 人，而同属粤港澳大湾区的惠州市和肇庆市分别为 12322 人和 8786 人，[①] 可见广东省内各市的人口受教育情况差距较大，高素质人才分布不均。

在教育资金支出方面，2020 年，广东全省地方教育经费总投入为 5386.96 亿元，全省一般公共预算教育经费（包括教育事业费、基建经费和教育费附加）为 3537.82 亿元，其中，广州市为 558.93 亿元，深圳市为 856.98 亿元，珠海市为 107.35 亿元，[②] 各市之间教育资金支出的差异较大，这是影响广东省内各市教育质量及人才分布失衡的因素之一。

在教育规模方面，受经济发展水平、办学条件等对生源与就业的影响，广东高校大规模集中在中心城市带。截至 2022 年，广东省共有高校 175 所，其中本科院校 66 所，高职（专科）院校 93 所，[③] 广州市共有高校 83 所，其中 37 所为本科层次，而较为偏远的肇庆、惠州的本科院校数量分别为 2 所、1 所。2021 年，整个大湾区有 30 所高校在建或者筹建中，其中广州市就有 7 所。[④] 2023 年，广州交通大学、深圳海洋大学、普宁大学、深圳理工大学、大湾区大学、香港城市大学（东莞）（筹）等多所新建大学项目还在持续建设中。因此，珠三角九市高等院校存在区域分布不

---

① 广东省第七次全国人口普查公报（第五号）——人口受教育情况［EB/OL］.（2021 - 05 - 17）［2024 - 01 - 30］. http：//www. zqdh. gov. cn/zqdhtj/attachment/0/123/123856/2525074. pdf.

② 2020 年全省教育经费执行情况统计表［EB/OL］.（2021 - 12 - 31）［2024 - 01 - 30］. ht-tp：//edu. gd. gov. cn/attachment/0/478/478594/3752168. pdf.

③ 2022 年广东省教育事业发展统计公报［EB/OL］.（2023 - 06 - 12）［2024 - 01 - 30］. ht-tps：//edu. gd. gov. cn/zwgknew/sjfb/content/post_4196860. html.

④ 粤港澳大湾区高校建设：广州七所，东莞一所，惠州没有［EB/OL］.（2021 - 06 - 10）［2024 - 01 - 30］. https：//m. sohu. com/a/471391203_121020224？ ivk_sa = 1023197a.

平衡、高水平大学与学科比例不高的问题。

在教育质量方面，广东省教育厅每两年组织评选教育教学成果奖以激励和促进整体教育质量的提高，因此各高校的教学成果获奖情况一定程度上反映着教育教学改革和教育质量发展的水平。2019 年广州市获奖 166 个教学成果项目，深圳市 11 个，佛山市 4 个，东莞市 5 个；近两届广东省教育教学成果奖共计 15 个城市的高校上榜，平均获奖率排名前 5 的依次为广州市（76.00%）、深圳市（4.22%）、湛江市（4.22%）、汕头市（3.33%）、东莞市（1.78%），其余 10 个城市的平均获奖率均不足1.5%。[①] 获奖项目的区域分布极不均衡，珠三角九市中广州市占据绝对优势，平均获奖率是第二名深圳市的 18 倍；珠三角其他城市与其差距悬殊。

6.4.6　财税金融法律差异

从粤港澳三地税制比较看，香港作为国际金融中心，相较内地和澳门，税基较窄，同时给予较多税收优惠待遇，在收入确认和费用扣除等方面的规定也相对宽松，创新创业在香港经营整体税负水平较低，对大学生吸引力很大。澳门的税负水平介于香港和内地之间，更接近香港。内地与港澳地区税制差异可分为税种及税种特征差异、税收管辖权差异、税率差异、税收优惠差异以及征管差异。

6.4.6.1　税种及税种特征差异

通过比较三地在最近三个税务年度的税收收入构成，可以看到内地、香港特区和澳门特区的税种结构性差异：内地现行有 18 个有效的税种，其中税收收入以流转税（包括增值税、关税、消费税）为主，接近 50%的税收来源于流转税，与经营结果直接相关的所得税相对比重较小，企业

---

① 康全礼，黎雨霜.广东高校教育教学改革探究——基于近两届教育教学成果奖的实证分析［J］.扬州大学学报：高教研究版，2021，25（3）：26 – 34.

所得税占税收收入比重不到25%，个人所得税占比也不到一成。香港特区仅开征6个税种，税收收入以直接税为主，其中利得税占税收比重超过45%，个人薪俸税占比也接近20%；香港没有流转税，但对证券和不动产交易征收的印花税占总税收的比例接近25%。澳门特区目前开征了9个税种，由于澳门以博彩业为经济支柱，因此税收基本上来源于博彩专营权的直接税，单一税种占税收收入的比重超过85%，其余税收主要由企业所得补充税和印花税构成。

三地同一所得类别适用的税法规定不同，给个人在三地间衡量税负高低带来了麻烦。例如，内地的劳务报酬所得，对应澳门特区的职业税、所得补充税，同时对应香港特区的利得税。这种同一类别所得在不同辖区对应不同税种，甚至对应多个不同税种的情况，导致纳税人难以判断其所得的性质，以及在各地的税负高低。

6.4.6.2　税收管辖权差异

在税收管辖权方面，内地实行属人与属地相结合的原则，实行居民管辖权及所得来源地管辖权双重标准，对满足条件的居民纳税人所得以及非居民纳税人来源于内地境内的所得征税。而港澳两地均以所得来源地为征税原则，港澳之外的收入无须在港澳纳税。税收管辖权的差异容易造成大湾区内重复征税。区内人员跨境往来频繁，当港澳居民被认定为内地居民纳税人时，双重征税就不可避免，增加了来往人员的负担，限制了人才流动。

6.4.6.3　税率的差异

内地的个人所得税综合所得，适用3%~45%的七级超额累进税率。香港地区的薪俸税，实行2%~17%的超额累进税率，但标准税率为15%，税率设置较低，同时还规定了较高的免税额。澳门地区的职业税，采用超额累进税率，税率最高仅为12%。税率水平及税率级次不同，导致人才在三地的税收负担各异。2019年3月《财政部　税务总局关于粤港澳大湾区个人所得税优惠政策的通知》规定，广东省、深圳市可按内地与香港个人所得税税负差额，对在大湾区工作的境外（含港澳台）高端人才和紧缺人才给予补贴，并对该补贴免征个人所得税。但这一政策只针对高端人才和紧缺人才，其他类型的人才不能享受，三地之间的税负差依然难以平衡。

6.4.6.4　税收优惠的差异

2018 年《中华人民共和国个人所得税法》修订后，内地居民个人取得的综合所得，以每一纳税年度的收入额减除费用 6 万元以及专项扣除、专项附加扣除和依法确定的其他扣除后的余额，为应纳税所得额。子女教育、继续教育、大病医疗、住房贷款利息、住房租金和赡养老人六项专项附加扣除，每项扣除项目根据个人具体情况不同，扣除费用也不相同。而香港地区薪俸税的扣除费用包括必要费用和生计费用，经认可的慈善捐款亦可扣除，但捐款总额不得少于 100 元，不得超过经扣除开支后入息的10%。生计费用是指涉及纳税人本人、配偶、子女和其被赡养者生活费用的开支，费用扣除标准需根据每年度财政预算案按照通货膨胀及税收政策等因素调整公布的标准执行。澳门地区职业税则规定纳税人的实际工作收益扣除免征额以后的余额为计税依据，免征额为 40800 澳门元。

由于三地税收优惠政策差异甚大，扣除标准并不统一，容易导致生产要素特别是人力资源在区域内流动不均衡，不利于整个区域的协同发展。

6.4.6.5　税收征管的差异

税法的实体差异导致了征管的差异。首先，纳税年度的规定不同，香港地区的纳税年度为 4 月 1 日至次年 3 月 31 日，内地和澳门地区的纳税年度为 1 月 1 日至次年 12 月 31 日，纳税年度的不统一使测算居民在内地与港澳地区的税负差额时出现困难，同时也会产生递延效应。其次，税收申报程序上存在差异，如香港地区的薪俸税和利得税在征收上采用暂缴税制度，有关年度的利润在下一年度评定之前，经营者须根据上一年度已评定的利润预先缴纳，在该年度利润完成评定后，进行抵扣。最后，内地与港澳地区的征管机构是相对独立的，港澳地区可以自行根据各自政府的政策进行调整，而内地的税制要先经过中央的统一改革，再逐级普及到各个地方政府，导致涉税信息难以共享，无法准确全面地获取区域内的涉税信息，税源监控还比较薄弱，容易出现税收征管漏洞，整个税收体制也存在着一定争议。

税制差异阻碍大湾区内生产要素的流动，影响产业布局的合理性，增加税收合作成本，降低了税收争议解决效率。由于三地的法律体系存在较大差异，税制差异的协同在世界范围内缺乏可借鉴的经验，改革创新需要三地政府部门与创新创业主要参与者加强协商合作，才能实现创新发展，共生共荣。

6.5　三地政府之间就发展创新创业未形成具体的行动计划

目前粤港澳三地政府之间对如何落实《粤港澳大湾区发展规划纲要》并未形成具体的行动计划，不利于建立完善的大湾区利益分配机制，整体经济收益很难在大湾区各个地区之间合理分配，会进一步加剧大湾区利益冲突问题。此外，创业政策扶持力度不足、相关平台对创业法规政策的宣传力度不够、三地间的创业要素分散，导致青年大学生与政府间出现信息不对称的情况，难以调动他们创新创业的热情。

6.5.1　创业政策扶持力度不足

虽然国家对粤港澳大湾区的金融、财政扶持力度比重不断加大，但是对于粤港澳青年大学生创新创业的初创期，实体行业的创新创业需要置办厂房、配置设备、门店装修、技术投入、劳动力安排等方面的开销非常大，政府所提供的资助和补贴远远不能满足初创期的资金缺口。另外政府金融、财政方面的投入与青年大学生创新创业的真实需求之间还存在一段差距，金融方面不能充分满足前期的资金需求，创业前期勉强能够维持盈亏的运营模式令财政政策亦不能很好地惠及创新创业的青年大学生。创业成本高、市场淘汰率高、产品更新速度快等外部因素，加之创新创业的扶持力度不足的本质影响使得大学生的创业热情难以得到充分调动。

在具体的行动计划方面，广东省在 2021 年底开启了第二个《广东省全面深化商事制度改革三年行动计划》，目标是到 2023 年底，市场主体登记制度更加健全，市场准入更加便利，涉企经营许可精减，市场退出制度完善，市场主体活力充分释放，把推动粤港澳三地规则衔接放在更加突出的位置。其中提出要推动粤港澳大湾区市场准入规则衔接，包括更大力度推进告知承诺制；推动商事登记 "银政通" 服务向港澳地区以及 "一带一路" 国家拓展；推进粤港澳三地企业登记信息共享、资质互认；解决港澳投资人实名认证、电子签名和电子证照应用堵点难点等。

6.5.2   政策红利落实成效微弱

近年来，为了响应国家的《纲要》，各地政府也相应地为青年大学生创新创业提供一系列的政策红利，各种新宣传平台和新宣传渠道层出不穷，对政策红利进行宣传和二次公布，以期通过这种方式来让青年大学生对红利政策有更深入的了解。

根据问卷调查（见附录 1 第 9 题）统计结果显示，受访者对创业扶持的法规政策了解主要通过各类网站、网络以及手机媒体等渠道，符合当代青年大学生搜索、接收信息的习惯。但这些平台提供的信息内容大多碎片化，创业有志之士仅从宏观上了解相关政策法规，缺乏专业解读和深入推广，根本不知道哪些政策法规符合自身实际情况，申请优惠待遇需要怎样的条件与程序也无法得知，导致许多细节无法落实到大学生创新创业群体当中，创业扶持政策的工作开展困难重重。尽管有许多宣传平台对创新创业相关的法律法规和政策红利进行报道，但是内容方面都不够完整，更多的都是为了跟上时事热点而做的零碎化宣传。而专业的创新创业法规宣传平台数量较少，致使有意愿创新创业的青年大学生了解渠道单一，其中较为体系化和内容相对完整全面的只有微信公众号粤港澳大湾区发布、湾区法商研究院等以及粤港澳大湾区门户网站。其中，对法律法规的针对性解读的内容不多，容易使青年大学生创新创业的理解不全面从而不能很好地运用政策红利。粤港澳大湾区门户网的政策更新周期慢，使得红利不能精准落实到位，发挥不出本质性的作用。加之与创业相关的政策性文件多、整理难度大，相关宣传网站不能及时同步清理已失效文件、更新已生效文件，给青年大学生创新创业了解政策法规带来了一定的制约性和滞后性。

6.5.3　三地之间创业要素分散

粤港澳三地存在交流的障碍主要体现在签证办理、港澳牌照来往内地仍较为不便，使得人流、物流、信息流、资金流不能高效便捷地在三地互通。地域的阻隔让各种创业要素无法最大程度地发挥效果。

在科技合作上，因流动这个最基本要素出现不便导致科技合作出现障碍，新产品、新技术、新研发不能在三地的发展中得到深度融合。

6.6　港澳大学生到内地创业的内动力不足

由于内地政策法规与港澳地区有差异，对有意来内地发展的港澳青年设立了重重障碍和限制。他们认为内地的创新创业法治环境并无太多红利优势，传统行业已接近饱和，内动力不足，创业项目难以落地，从而产生怀疑的态度，使他们的满腔热情大大减退。

6.6.1　创业意愿不强烈，投身创业人数少

根据调查问卷（见附录 1 第 4 题）的统计结果，参与问卷的港澳大学生来内地创业的总人数规模并不是很大，创业城市主要集中在深圳、广州、珠海、东莞、肇庆等地。

广州市与深圳市在创新创业领域的发展与投入在省内可谓首屈一指，创新环境浓厚，创业平台广阔，在粤港澳大湾区发挥着引领作用。尤其是广州市，本地涵盖多所实力强大的高等院校、高水平科研院校，有着资源丰富的创新创业孵化平台，大湾区首个青年人才双创小镇即在广州大学城，在人才交流、人才服务、科技创新成果转化等方面，为粤港澳青年带来重磅红利。① 同时，广州与深圳国际航运颇具规模，轨道交通建设的发达程度领先于其他城市，有利于人员和要素的高效便捷流动。

以佛山—东莞为核心打造的大湾区制造业中心对港澳青年创业者也极具吸引力。佛山是全国范围内重要的制造业基地，近年来对科学技术越来越重视，正从"制造"转型成为"智造"；东莞市曾经是"世界工厂"，在经历产业内转型升级后发展起了高新技术产业。相比于广州市、深圳市，这两个城市的基础设施并不处于下风，竞争环境相对缓和，同时也可承接港澳地区和深圳市溢出的创新资源，发展契机比较多。

珠海市生态环境优美，惠州市旅游资源丰富，中山市文化底蕴深厚，适合发展成为粤港澳大湾区的旅游中心、宜居宜业的优质生活圈，这样的区位条件适宜有意从事服务行业的创业者，他们可以因地制宜，发展极具地方特色的产业。

总的来说，内地创业城市各具特点，适宜不同行业的创业意愿者大展

---

　　① 粤港澳大湾区青年人才双创小镇亮相　着力打造"宜业宜家"最佳平台之一 [EB/OL].（2019 - 12 - 02）[2024 - 01 - 30]. http：//www.gd.gov.cn/zwgk/zdlyxxgkzl/jycy/content/post_2708577.html.

拳脚，但由于很多青年大学生对政府有关的创业政策与法规并不了解，缺乏对创业的认同感，导致他们对创业并不积极。

6.6.2　制度差异较明显，创业项目落地难

粤港澳三地存在不同的社会制度，不同社会制度下衍生发展出不同的文化和生活方式，来内地创业的港澳青年中有些表示因为商业习惯和法律制度的不相同而与内地的员工和合作伙伴出现沟通交流方面的障碍，更严重的会出现劳动合同和知识产权方面的法律纠纷。在创业心态方面，很多港澳青年大学生因对内地商业生态文化缺乏了解，很容易在开拓内地市场时与内地客户在交流沟通上产生问题。

6.6.3　传统行业已饱和，新兴行业待挖掘

根据调查问卷（见附录 1 第 5 题）的统计结果，受访者在创业行业选择上以智能设备及"互联网＋"行业，餐饮旅游娱乐服务行业，教育、新闻及法律行业为主。

在内地创业氛围浓厚和创业基础良好的环境下，很多传统行业的市场已经达到了完全饱和，不再具有创新创业的机会。虽然一些新兴行业出现时间晚，但对于未来的前景却有很大的不确定性、受宏观经济因素影响程度大。

在港澳地区经济固化的历史原因下，更多的港澳青年不愿意投身于内地创新创业。创业人才前期的创业教育、相关创新创业政策引导和创新创业氛围的培养都需要长期的准备和运行。香港地区的经济结构更多的是依靠服务业、金融业和房地产等行业，澳门地区的经济结构更多的是依靠旅游业、博彩业等行业，两地对于科技创新行业的资金投入都非常有限，加之劳动力成本的上升和消费水平的提高，创新创业又需要积累经验以及大量的时间成本和机会成本。优秀的港澳人才相比投身于创新创业活动更愿意去选择风险小且高薪稳定的工作。

第7章　完善粤港澳大湾区青年大学生创新创业政策环境的建议

粤港澳大湾区青年大学生创新创业法律机制的完善，可以通过以下几个方面来着手进行：一是发挥大湾区建设战略引领作用，实现跨境府际法治细化创新；二是注重大湾区建设理念认同工作，构建相关创新创业孵化平台；三是政策红利与法律保护相结合，落实青年大学生创新创业法律成本减负工作；四是促进港澳与内地间高校资源共享，注重大学生创新创业法律知识学习；五是培养港澳青年大学生守法创业意识，为创业准备提供普法支持。

7.1　后疫情时代大湾区青年大学生创新创业的趋势

所谓后疫情时代，即指疫情不可能完全消失，而是时起时伏，并且随时都可能小规模爆发，从外国外地回流以及季节性地发作，迁延较长时间，对政治、经济等方面产生深远影响的时代。① 新冠疫情对中国乃至全世界各国经济的负面影响毋庸置疑，在这种严峻的创业大环境之下，既给大湾区青年大学生创新创业带来了前所未有的挑战，也带来了前所未有的机遇。随着《中华人民共和国香港特别行政区维护国家安全法》（以下简

---

① 王竹立. 后疫情时代，教育应如何转型？［J］. 电化教育研究，2020，41（4）：13－20.

称《香港国安法》）的颁布与实施，香港的社会秩序得以拨乱反正，停滞不前的经济渐渐复苏，为香港青年大学生创新创业在社会环境、人身安全、文化观念等方面提供了法律保障。此前高度依赖博彩娱乐业的澳门在遭受疫情冲击后，暴露的产业结构单一问题促使澳门青年大学生跳出"舒适圈"，同时从"云生活时代""数字经济"中寻求创新创业机遇。遭遇疫情冲击的内地青年大学生在粤港澳大湾区经济复苏向好、区域经济呈向上趋势的环境下重获新机，面对竞争日益激烈的市场形势，青年大学生群体的文化知识和专业素养使其在预估风险、技术升级等创新创业环节中更具优势，政府颁布的更为完善的扶持政策、更大的优惠力度为青年大学生创新创业保驾护航。

7.1.1 《香港国安法》为香港青年大学生创新创业提供保障

2020 年 5 月 28 日，十三届全国人大三次会议通过《全国人民代表大会关于建立健全香港特别行政区维护国家安全的法律制度和执行机制的决定》，6 月 30 日，十三届全国人大常委会第二十次会议全票通过《中华人民共和国香港特别行政区维护国家安全法》，这是继《中华人民共和国香港特别行政区基本法》（以下简称《香港基本法》）之后国家制定的有关香港特别行政区的又一部关键性法律，是贯彻落实"一国两制"方针的一项重大举措。

《香港国安法》为香港青年大学生创新创业提供法治保障。作为继《香港基本法》《中华人民共和国香港特别行政区驻军法》之后中央专门为香港特别行政区制定的又一部重要法律，《香港国安法》将"一国两制"的原则和底线进一步法律化，阐明"一国高于两制"的内涵，从"一国"根基入手，剑指分裂国家罪、颠覆国家政权罪、恐怖活动罪、勾结外国或者境外势力危害国家安全罪四类罪行，设立专门机构确保执行到位，填补了香港特区长期以来在维护国家安全方面存在的法律漏洞，同时，消除创新创业投资者对于香港地区安全问题方面的顾虑，促进香港青年大学生创新创业发展。

《香港国安法》为香港青年大学生创新创业提供了稳定的社会环境。保障创新创业的香港青年大学生的出行安全、人身自由、交通便利，为香港青年大学生创新创业所需的稳定安全的环境提供了坚强的法律后盾。

《香港国安法》为香港青年大学生创新创业提供有利的文化基础。近年来，从2012年的"反国民教育风波"、2014年的"占中事件"，到2019年的"修例风波"可见，部分香港青年存在着国家民族意识淡薄、地域认同强于国家认同的问题。《香港国安法》第十条规定："香港特别行政区应当通过学校、社会团体、媒体、网络等开展国家安全教育，提高香港特别行政区居民的国家安全意识和守法意识。"《香港国安法》颁布实施后，香港特区政府将会提高国家安全教育、中华历史文化教育在香港教育体系中的比重，加大中华历史文化、爱国主义教育的宣传力度，从文化层面增强香港青年的国家意识和国家民族认同感，引导香港青年大学生以国家民族共同体观念为根基，以互利合作共赢为契机，积极参与粤港澳大湾区创新创业，促进粤港澳大湾区各要素间的深度交流交融。

《香港国安法》为香港青年大学生的自由创业提供人权保障。《香港国安法》总则第四条明确规定，"香港特别行政区维护国家安全应当尊重和保障人权，依法保护香港特别行政区居民根据香港特别行政区基本法和《公民权利和政治权利国际公约》《经济、社会与文化权利的国际公约》适用于香港的有关规定享有的包括言论、新闻、出版的自由，结社、集会、游行、示威的自由在内的权利和自由。"《香港国安法》在制定过程中，力求协调国家安全和人权保障之间的平衡关系。一方面确保香港特别行政区作为中华人民共和国不可分离的一部分；另一方面强调在维护国家安全的同时保障居民的基本权利和自由，坚持法治原则。[1]《香港国安法》

---

① 韩大元，夏泉，姚国建，邹平学，田飞龙，黎沛文. 香港国安法笔谈 [J]. 暨南学报：哲学社会科学版，2021，43（2）：1-24.

的颁布是香港走出困局的重要契机，也是促进内地与香港特区之间政策沟通、设施联通、贸易畅通、资金融通、民心相通的立法与人心保证。只有走出困局，香港青年大学生才有更加广阔的天空、更加多的机会大展拳脚，在创新创业中实现自我价值，助力香港经济的再次腾飞，助力大湾区建设。

7.1.2　澳门青年大学生须跳出"舒适圈"寻求创新创业机遇

澳门本地的就业待遇优越，客观上导致澳门青年大学生不愿跳出"舒适圈"。澳门特区自回归以来，经济持续向好，失业率低，就业机会充足，薪酬待遇较高，就业环境优越，因此，澳门青年大学生毕业后倾向于在澳门当地求职就业，创新创业的积极性较低。新冠疫情发生之后，为了帮助青年大学生就业，澳门劳工事务局自 2020 年起，先后推出了"疫境自强·职出前程"职场体验计划、"就业导向带津培训计划"、青年专场配对会等就业支援措施；每年举办"青年就业博览会"新增了"粤港澳大湾区"展示区，邀请内地企业来澳门参展和提供招聘岗位，为有兴趣的青年提供查询及应征有关职位的帮助。[①]

进入后疫情时代，澳门特区产业多元化发展的需求是澳门青年大学生须跳出"舒适圈"的重要原因。澳门目前经济产业结构相对单一，以博彩业和旅游业为主，其他产业占比甚微，不均衡的经济产业结构、对博彩娱乐业的高度依赖使澳门的经济增长呈现高波动性，经济发展存在不稳定性，经典事例如 2020 年暴发的新冠疫情使澳门旅游业、博彩业大幅度萎缩，澳门经济也因此严重衰退，这充分体现了"一业独大"的产业结构在面临重大变故时不堪一击和长远危害，促进澳门产业多元化、均衡化发展刻不容缓，未来澳门将会以扶持中小微企业创新创业为重要发力点，澳门青年大学生须跳出"舒适圈"，积极把握当前创新创业的新机遇，实现创

---

① 麦婉华. 港澳青年大湾区就业创业"大迈步"[J]. 小康, 2021 (14)：20 - 25.

新创业发展。

受疫情的影响，人们的工作、生活及思维方式发生了很大改变，线上授课、线上办公、线上购物等避免肢体接触的线上模式逐渐被人们接受并习惯，"在线行业"在后疫情时代迎来商机，而青年大学生拥有知识文化背景并且具备一定程度的专业水平，是"网络时代"的代表群体，在预判行业发展前景、寻找新商机、升级数字化技术等创新创业环节具有文化优势，更易于接受新事物、新状况并灵活变通。面对外贸市场萎缩、收入下降、资金周转等挑战，企业节省成本支出、提高工作效率的紧迫需求促进云计算技术的研发升级，"云经济""云终端"与"云服务"等概念日益兴起，云计算技术迅速落地于运营商和企业的数据中心、运营支撑等后台系统，为个人带来的智能化"云生活"方式，改变了人们现有的信息沟通、消费、生活等方方面面。目前，云计算技术的应用尚未完全普及，云终端、云服务市场仍处于未饱满阶段，拥有巨大的市场潜力，且有相关政策支持，如国务院印发的《关于积极推进"互联网+"行动的指导意见》，对于运用云计算技术开展金融创业创新给予了充分的肯定、积极的鼓励以及政策性支持。澳门青年大学生须在跳出"舒适圈"的同时从"云生活时代"中挖掘尚未饱满的市场需求，找到创新创业的突破之处，把握创新创业的新机遇。

2020年10月29日发布的《中共中央关于制定国民经济和社会发展第十四个五年规划和二〇三五年远景目标的建议》明确提出要"加快数字化发展"，作为推动经济社会转型升级、培育经济增长新动能和构筑国际竞争新优势的重要途径，"数字经济"将是"十四五"时期经济社会发展的重要推动力，澳门青年大学生须在跳出"舒适圈"的同时从5G技术、人工智能、大数据中心等数字经济应用中寻找创新创业的新机遇，积极推动数字区块链技术和实体经济的深度融合，实现"技术创新+商业模式"的"双轮驱动"创新创业发展。

7.1.3　内地青年大学生遭遇疫情"冲击波"后转危为机

新冠疫情进一步暴露了传统产业的短板，促使中国经济向数字经济加速转型，为传统产业在疫情冲击下转型升级和创新发展提供重要时机。[①]后疫情时代下全球经济萧条，行业间竞争日益激烈，对企业的技术要求更高，数字化转型是必经之路，传统生产模式的实体经济正在寻求"互联网＋"的突破和转型，数字经济在后疫情时代迎来新一轮快速发展的历史机遇，粤港澳大湾区在产业数字化转型升级方面先行先试，打造了广东省大数据综合试验区、工业互联网应用示范先导区、人工智能与数字经济试验区，区域经济的突破升级为青年大学生创新创业提供更为广阔的发展前景和巨大商机。

在全国疫情防控进入常态化的阶段下，虽然目前国内疫情得到了基本控制，但去年的经济损失让投资人尝试性投资骤减，对投资项目的选择更加慎重，对创业项目的信心不足，内地青年大学生在创新创业的过程中面临更大的融资困难；且在疫情之下，重新寻求出路的中小企业主，首先抢占的就是门槛较低的生活消费层次市场，这类创业项目竞争会逐渐白热化，对缺乏市场经验的大学生创业者造成更大的冲击；面对融资环境恶劣、市场竞争压力加大等问题，青年大学生尚未做好充分的应对准备，可能导致创新创业意愿下降。针对这些困难，政府及时作出了应对措施，2020 年 5 月 7 日，广东省教育厅等七部门发布《关于推进 2020 年广东省普通高校毕业生就业工作若干政策措施》[②]，其中在加大大学生创业扶持力度方面，实施"青100"大学生创新创业引领计划，对符合条件的创业

---

① 朱文博浩，李晓峰，孙波. 后疫情时代数字化促进粤港澳大湾区传统产业升级研究［J］. 国际贸易，2021（3）：52 – 59.

② 广东出台关于推进 2020 年广东省普通高校毕业生就业工作的若干政策措施［EB/OL］.（2020 – 05 – 08）［2024 – 01 – 30］. https：//edu. gd. gov. cn/jyzxnew/gdjyxw/content/post_3371075. html.

大学生提供创业培训，并对参训大学生提供一定的培训补助，用于培训活动支出。落实各类创业资助政策，在校及毕业 5 年内高校毕业生成功创办初创企业且正常经营 6 个月以上，同时符合资助条件的，可按规定申请一次性创业资助，在校及毕业 5 年内的高校毕业生创办初创企业并租用经营场地可申请租金补贴，珠三角地区每年最高 6000 元、其他地区每年最高 4000 元。2021 年 3 月 14 日，广东省政府颁布《广东省进一步稳定和扩大就业若干政策措施》①，其中加大创业担保贷款力度，创业带动 5 人以上就业的借款人，个人最高贷款额度可提高至 50 万元，各级创业孵化基地为普通高等学校、中等职业学校、技工院校学生（在校及毕业 5 年内），出国（境）留学回国人员（领取毕业证 5 年内），港澳台青年，就业困难人员，返乡创业人员，退役军人 6 类人员提供 1 年以上创业孵化服务并孵化成功的，可按每户每年 3000 元标准申请补贴，为青年大学生创新创业提供物质支持，填补因疫情冲击而运行资金不足的创新创业企业的资金空缺；支持开展"大湾区青年就业计划"，计划实施期间，有条件的地区可对参加人员按不超过每人每月 1000 元标准给予生活补助，为刚出社会的青年大学生创业就业提供生活保障。

7.2 高等教育层面

截至 2020 年，广东省 154 所高校，各校都有创业学院。自 2016 年"全国 50 所创新创业典型经验高校"评选活动开办以来，广东省有 9 所高校（2016 年度：广东工业大学、深圳职业技术学院；2017 年度：暨南大学、华南农业大学、华南师范大学；2018 年度：华南理工大学、肇庆学

---

① 广东省人民政府关于印发广东省进一步稳定和扩大就业若干政策措施的通知［EB/OL］. (2021 - 03 - 14)［2024 - 01 - 30］. http://www.gd.gov.cn/zwgk/wjk/qbwj/yf/content/post_3242111.html.

院；2019 年度：汕头大学、佛山科学技术学院）先后入选全国创新创业典型经验高校。广东省高等教育学会发布了首个《广东省高等院校大学生群众性创新创业活动活跃度研究报告（2021）》，该报告显示，华南理工大学、广东工业大学、华南师范大学、广州大学、暨南大学等院校位居广东省普通高等教育本科院校大学生群众性创新创业活动活跃度排名前 20强。广东轻工职业技术学院、东莞职业技术学院、广东交通职业技术学院、深圳信息职业技术学院、深圳职业技术学院等学校位居广东省普通高等教育高等职业教育院校大学生群众性创新创业活动活跃度排名前 20强。①

　　青年大学生的创新创业有别于其他社会群体的创新创业，他们在创新创业方面的法律意识和法律运用能力更容易从在高校的高等教育中获得支持和帮助。

7.2.1　注重合法合规创业意识的培养

　　创业者一定要了解国家政策、行业规范，按法律法规要求规范化经营是每个现代企业必须遵守的。合法合规意识，不仅能够为青年大学生创业活动提供内在的行为约束机制保障，还能降低其在创业过程中产生的非必要的法律成本。因此，有效的创业合法合规意识教育，需要从高校教育开始，有意识地引导创业教育在普法层面深入开展。高校作为青年大学生重要的教育平台，应发挥好其在创新创业法律教育方面的职能优势，助推青年大学生创业合规合法意识的建立。目前高校对于青年大学生创新创业法律层面教育仍停留在较为浅层方面，以至于有创业意向的青年大学生难以通过高校教育得到系统性的法律学习，加之港澳地区法律与内地法律体系间的较大差异，无疑增加青年大学生尤其是港澳学生对于相关创业法律知

---

　　①　广东"大学生群众性创新创业活动活跃指数"发布［EB/OL］.（2021 - 07 - 21）［2024 - 01 - 30］. http：//qnzz. youth. cn/qckc/202107/t20210721_13113979. htm.

识学习的难度。

创业项目合法仅指创业项目符合现行有效的法律、法规等规定，避免创业者承担行政违法责任和刑事犯罪责任。企业合规指的是企业及其员工的经营管理行为符合法律法规、监管规定、行业准则和企业章程、规章制度以及国际条约、规则等要求。创业项目合法是企业合规的基础，当创业者连自己正在进行的创业项目是否合法都无法判断时，这意味着最基本的合规合法创业意识的缺失。例如，快播公司创始人王某创办快播平台，涉嫌传播淫秽物品牟利，被法院立案审查，最终被判刑三年六个月。不少创业者创办互联网金融平台，殊不知自始即为非法集资犯罪等。判断创业项目是否合法，可以从以下三个方面来判断：（1）生产产品或服务的行为、提供的产品或服务、销售产品或服务的行为是否合法。（2）创业项目合法涉及的具体合规内容，是企业合规的基础，如果创业项目不合规，则税务合规、用工合规、营销合规均无从谈起。（3）当创业者自觉创业项目有可能不合法或不合规时，应直接咨询相关主管机关，或者专业律师等，甚至可以向毕业高校的创业学院请教，以进一步确定创业项目是否合法合规。

对青年大学生合法合规创业意识的培养，必须从其在校阶段开始，这个阶段高校担负着重大的使命和责任，目前这方面的教育过于"碎片化""脱节化"。2012 年 8 月，教育部印发《普通本科学校创业教育教学基本要求（试行）》① 强调，创业教育教学的教学目标之一是了解创业的法律法规和相关政策，在创业课程设置上，要求各地高校面向全体学生单独开设"创业基础"必修课，纳入学校教学计划，不少于 32 学时、不低于 2 学分。在创业基础课的内容主要有创业、创业精神与人生发展，知识经济发展与创业，创业与职业生涯发展，创业者与创业团队，创业机会与创业风险，商业模式开发，创业资源及管理，创业计划，新企业的开办和管

① 教育部办公厅关于印发《普通本科学校创业教育教学基本要求（试行）》的通知［EB/OL］.（2012 - 08 - 01）［2024 - 01 - 30］. http：//www. moe. gov. cn/srcsite/A08/s5672/201208/t20120801_140455. html.

理，其中创业风险可能会涉及法律风险，目前只有少数高校单独开设了创业法律类课程。建议高校要加强对大学生创业法律教育的重视，加大对大学生创业法律教育的投入力度，除了在课堂教授之外，还应结合实际案例、社会实践、企业调研等，通过移动互联网进行创业法律教育，从而增强学生的创业合法合规意识。

7.2.2　广东高校应增设港澳法课程，进一步贴合大湾区建设实际需要

创新创业课程方面，教育部着力打造创新创业教育线上线下"金课"，截至 2020 年全国累计开课 2.8 万余门，各示范校开设 2800 余门线上线下课程，选课人数近 630 万人次；依托国家级精品在线开放课程建设工作，推出了 52 门创新创业教育精品慕课，创新创业教育课程体系不断健全。①

由于大湾区本身的区域经济政治的独特性，加之大湾区一体化发展和全球化深入发展带来的新维度上的挑战，广东省法律教育建设道路不应照搬内地其他地区传统法学建设模式与内容，而应走契合粤港澳大湾区核心发展需求的以基本法与港澳法教育为特色方向的法学发展教育道路。

囿于大湾区环境特殊性，内地高校法律教育对于港澳法方向人才培养仍处于摸索阶段，难以满足大湾区建设发展的实际需要。目前广东省在培养跨境法律人才模式方面以国际商法、法律英语为主要教学方向，但相较于内地其他具有较高的法学学科底蕴的城市，广东省在国际法方面并不具有相对优势，容易造成面临跨境法律人才部分流出的局面，同时在应用层面，目前的法学教育模式也难以与大湾区发展需求相匹配。内地高校可以在原有法学课程内容设计上新增港澳法相关研究课程，通过组建具有港澳法相关学术背景的师资队伍，进一步提高港澳法学课程的教学质量。广东

---

① 对十三届全国人大三次会议第 1199 号建议的答复［EB/OL］. (2020 – 09 – 30)［2024 – 01 – 30］. http：//www. moe. gov. cn/jyb_xxgk/xxgk_jyta/jyta_gaojiaosi/202011/t20201110_499198. html.

省各个高校可以根据自身定位以及学科优势，进一步细化港澳法的研究，选择与自身相契合的研究方向并大力发展，实现创新型差异化研究，更高效地服务湾区建设，在增设港澳法硕博研究方向的同时加大港澳法在本科阶段的学习与宣传，做到港澳基本法学习研究与高层次港澳法学细化专业人才培养两手抓。

7.2.3　鼓励港澳青年大学生系统学习内地企业相关法律体系，推动港澳创新创业力量扎根内地

在大湾区创新创业建设工作当中，港澳法学教育是港澳青年大学生深入融合粤港澳大湾区发展的重要力量。由于三地制度体系、社会文化等方面的差异导致大湾区法域的复杂性，加之部分激进不良的思想言论的影响，港澳青年大学生对内地法学的信息获取以及深入学习存在一定的局限和壁垒，对于内地企业相关法律体系的学习更是鲜有接触，不利于港澳创业青年大学生扎根内地这个更大的经济发展平台。有效鼓励港澳青年大学生学习内地企业相关法律体系，并提供相应的资源和平台，有助于加深港澳青年大学生对于内地发展情况的认知，积极投身于大湾区创新创业融合的实践。

基于粤港澳三地深入合作的多元学习交流方式，有助于港澳青年大学生有效学习大湾区相关法律政策知识。鉴于目前港澳师资力量在内地法学尤其是以大湾区为背景的内地创新创业法律研究这一方面的稀缺，可以采用港澳与内地高校多方位合作教学模式，通过相关线上学习平台，如大湾区高校在线开放课程联盟平台，进一步扩大相关联盟平台的高校覆盖范围，新设相关创新创业法律学习课程，使大学生能够更系统更全面地解读创新创业的法律政策知识，同时鼓励港澳学生前往内地进行实地调研学习，通过在内地相关孵化企业的实习、参加大湾区创新创业法律政策的研讨会，让港澳青年大学生实地感受内地企业的运作机制和创新创业法律环境。

　　促进港澳师资队伍在内地法学方面的深入研究学习也是推动港澳青年大学生系统学习内地企业相关法律体系的重要途径，可以通过与港澳的学术合作项目诸如"澳大濠江人才计划"，鼓励广东的法学教师及青年学者赴港澳地区进行学术交流，进一步深化内地法学在港澳地区的宣传。同时鼓励港澳地区相关法学教育工作者和研究学者前往内地交流与进修，共同构建良性发展的法学师资交流合作关系，为助推港澳青年大学生创新创业力量扎根大湾区提供优质的学习土壤。

7.3　立　法　层　面

　　粤港澳三地之间的法律合作一直在进行，法律合作不等同于法治合作，法治合作的前提是把粤港澳大湾区看作一个整体区域。当前粤港澳大湾区并未形成高效的立法合作机制，原因有立法不足使法治合作缺乏基础；立法合作具有明显的单向性：内地吸纳香港、澳门特别行政区的法律制度、立法意见为主，香港、澳门较少吸收内地相关法律法规、立法建议；立法合作带有地区性：珠三角九市各自探索的港澳规则对接大多仅在本行政区内实施。[①]

7.3.1　区域法治合作模式的探索

　　区域法治合作常见的立法模式有区域统一型（欧盟）、区域统一型（长三角地区城市群）、示范效应型（美国联邦与州）。
　　关于粤港澳大湾区区域法治合作立法模式的探讨，学者叶一舟提出可

---

　　① 郭天武，吕嘉淇. 粤港澳大湾区法治合作的立法路径 [J]. 地方立法研究，2020，5 (4)：83-96.

采取政府推进为主、社会演进为辅的紧密型区域立法合作机制；① 郭天武和吕嘉淇认为可借鉴示范型立法模式，在宏观上给粤港澳大湾区"9＋2"城市群提供一个立法合作模式和框架；② 杨治坤提出采用"综合立法—单行立法"相结合、"中央立法—地方立法"相结合的立法体例；③ 王禹认为可以构建一套"一国两制"下的区际法与区制法理论体系；④ 王万里认为需要破除法律"割据"格局，在中央主导下的粤港澳三地协调立法，顶层先行，逐步形成多层次较为完备的法律框架；⑤ 张淑钿提出成立粤港澳法律合作协调领导小组或建立联席会议制度，通过协商形成三地有关法律合作的共同决议，三地再根据共同决议，各自制定在本行政区域内有效的法律文件。⑥ 王春业认为珠三角九市中仅深圳和珠海两个经济特区有较大的地方立法权，但也必须在"根据全国人民代表大会的授权决定"情况下，与港澳地区相比，立法权仍然偏小，难以支撑其参与大湾区法治建设的巨大任务，需创新立法授权模式，采取清单式批量授权方式对珠三角九市立法授权。⑦ 张亮和黎东铭提出要进行"区域立法"才能满足粤港澳大湾区"量身定制"的个性需求，即不同行政区域的地方立法机关，就区域性公共事务，在平等协商互利共享基础上开展的制定、认可、变动区域性规则、合作性地方规则的活动的总称。⑧

---

　　① 叶一舟. 粤港澳大湾区协同立法机制建设刍议［J］. 地方立法研究，2018，3（4）：37 － 45.

　　② 郭天武，吕嘉淇. 粤港澳大湾区法治合作的立法路径［J］. 地方立法研究，2020，5（4）：83 － 96.

　　③ 杨治坤. 区域治理的基本法律规制：区域合作法［J］. 东方法学，2019（5）：93 － 100.

　　④ 王禹. 全面管治权理论：粤港澳大湾区法治基石［J］. 人民论坛·学术前沿，2018（21）：44 － 53.

　　⑤ 王万里. 从域外经验看粤港澳大湾区的法治统合问题［J］. 港澳研究，2018（3）：45 － 52，94 － 95.

　　⑥ 张淑钿. 粤港澳法律合作二十年：成就与展望［J］. 法治社会，2018（4）：72 － 80.

　　⑦ 王春业. 将清单式批量立法授权引入粤港澳大湾区法治建设［J］. 法学杂志，2021，42（7）：102 － 111 ＋ 123.

　　⑧ 张亮，黎东铭. 粤港澳大湾区的立法保障问题［J］. 地方立法研究，2018，3（4）：21 － 36.

7.3.2　"区域法治发展"概念的提出

粤港澳三地的法律合作本质是一种异质区域合作，三地还是分开的，如果把粤港澳大湾区作为一个区域来考虑，就不仅是合作的问题，需要立法、规则在更大的程度上趋同甚至是等同。

公丕祥提出了"区域法治发展"的概念①，区域法治的概念与国家主权意义上的法治以及我国的单一制现状并行不悖，它涵盖"特定行政区域和跨行政区域的广阔的法治生活领域，并且以特定行政区域中的法治生活现象作为主导性的研究对象"②。把粤港澳大湾区作为一个区域来看待，法治建设的难点在于既要维持香港、澳门特别行政区实行的"一国两制"框架，还要整合珠三角九市的相关制度和体制。在理论上可能有两种思路：中央立法式和地方立法式，两者都缺乏现实的操作性。根据表 7 - 1 所示，有些立法事项宜由中央权力推进，而有些立法事项则宜由地方权力推进。因此，有学者认为应当采取中央与地方立法相结合的立法进路，既要制定全国统一适用的"区域合作法"，又要允许地方立法在宪法和法律的框架下充分发挥自主作用。③

2015 年《中华人民共和国立法法》修改后，全国地方立法主体增加了 274 个，粤港澳大湾区相对独立的立法主体增至 12 个，包括特别行政区、经济特区、设区的市等，这些变化使得大湾区的立法主体及其权限错综复杂，亟须统一的冲突法规范予以协调。④ 在深圳和珠海市人大及其常

---

① 公丕祥. 区域法治发展的概念意义——一种法哲学方法论上的初步分析 [J]. 南京师大学报：社会科学版，2014 (1)：57 - 72.

② 公丕祥. 还是区域法治概念好些——也与张彪博士、周叶中教授讨论 [J]. 南京师大学报：社会科学版，2016 (1)：5 - 24.

③ 张亮，黎东铭. 粤港澳大湾区的立法保障问题 [J]. 地方立法研究，2018，3 (4)：21 - 36.

④ 邹平学，冯泽华. 改革开放四十年广东在粤港澳法律合作中的实践创新与历史使命 [J]. 法治社会，2018 (5)：6 - 20.

表 7 - 1　　　　粤港澳大湾区区域法治发展的"中央权力行使指南"

分类	事项性质	代表性事项	中央权力行使方式与内容	宪法法律依据
第一类	地方无意愿且无权力推进	（1）从法律层面破除地方保护主义；（2）制定和实施全局性的行政规划	宜由中央权力直接推进——主要涉及全国人大及其常委会的立法权、国务院的行政规划权	（1）全国人大及其常委会的立法权：《中华人民共和国宪法》第六十二条第三项，《中华人民共和国宪法》第六十七条第二、三项，《中华人民共和国香港特别行政区基本法》第十八条，《中华人民共和国澳门特别行政区基本法》第十八条，《中华人民共和国立法法》第七、八条等；（2）国务院的行政规划权：《中华人民共和国宪法》第八十九条第一、三、四项等，《中华人民共和国国务院组织法》第三条等
第二类	地方有意愿但无权力推进	（1）为大湾区建设提供法律依据；（2）处理涉及中央权力或央地关系的事项等	部分由中央权力直接推进，部分由中央授权地方推进——主要涉及全国人大及其常委会立法权、全国人大及其常委会、国务院依法授予地方权力	（1）全国人大及其常委会立法权《中华人民共和国宪法》第六十二条第三项，《中华人民共和国宪法》第六十七条第二、三项，《中华人民共和国香港特别行政区基本法》第十八条，《中华人民共和国澳门特别行政区基本法》第十八条，《中华人民共和国立法法》第七、八条等；（2）全国人大及其常委会、国务院依法授予地方权力，《中华人民共和国宪法》第六十二条第三、十六项，《中华人民共和国宪法》第六十七条第二、三、二十二项，《中华人民共和国宪法》第八十九条第一、四项等，《中华人民共和国香港特别行政区基本法》第二十条，《中华人民共和国澳门特别行政区基本法》第二十条，《中华人民共和国国务院组织法》第三条等
第三类	地方无意愿但有权力推进	建设发电站、垃圾处理场等易于引发邻避冲突的事项	中央宜通过督促、引导地方权力予以推进——主要涉及国务院行政命令权、行政指导权等	国务院行政命令权、行政指导权等《中华人民共和国宪法》第八十九条第一、四、六、七、八、十四项，《中华人民共和国香港特别行政区基本法》第四十八条，《中华人民共和国澳门特别行政区基本法》第五十条，《中华人民共和国国务院组织法》第三条等

续表

分类	事项性质	代表性事项	中央权力行使方式与内容	宪法法律依据
第四类	地方有意愿且有权力推进	推进基础设施互联互通、提升市场一体化水平、支持重大合作平台建设等事项	宜由地方权力推进，中央权力仅提供保障即可——主要涉及全国人大常委会等主体合宪性审查权、合法性审查权，全国人大及其常委会、国务院的财政权、人事权等	（1）全国人大常委会等主体合宪性审查权、合法性审查权，《中华人民共和国宪法》第六十二条第二项，《中华人民共和国宪法》第六十七条第一、四、八项，《中华人民共和国立法法》第九十七、九十八条，《中华人民共和国香港特别行政区基本法》第十七条，《中华人民共和国澳门特别行政区基本法》第十七条等；（2）全国人大及其常委会、国务院的财政权、人事权等：宪法第六十二条第十、十一项，《中华人民共和国宪法》第六十七条第五项，《中华人民共和国宪法》第八十九条第五、十七项，《中华人民共和国香港特别行政区基本法》第四十八条，《中华人民共和国澳门特别行政区基本法》第五十条，《中华人民共和国国务院组织法》第三条等

资料来源：谢宇.中央推进粤港澳大湾区建设的法治路径——"中央权力行使指南"的提出[J].法学杂志，2020，41（4）：120－131.

委会的立法中，行使设区市立法权的法规所占的比例都比较小，大部分都属于行使特区立法权的特区法规，而在特区法规中，属于具有创新性的先行先试以及变通类的又占绝大多数。[①]《珠海经济特区横琴新区港澳建筑及相关工程咨询企业资质和专业人士执业资格认可规定》就是首部地方运用特区立法权为粤港澳大湾区建设提供法治保障的创新性法规，截至 2021年 3 月初，横琴新区建设环保局已发出《港澳建筑及相关工程咨询企业资质和专业人士执业资格备案认可书》237 份，共有 42 家企业（澳门 28家、香港 14 家）和 195 名专业人士（澳门 115 人、香港 80 人）合法备

[①] 黄金荣.大湾区建设背景下经济特区立法变通权的行使[J].法律适用，2019（21）：66－76.

案，其中一家澳门企业已成功中标横琴某工程项目。①

7.3.3 以青年创业基地的政策为基础，升级立法层次

珠三角九市的青年创新创业基地的政策是各市对青年大学生创新创业扶持的体现（见附录2），如果以此为基础，将其上升为地方立法，可以形成某某市青年创新创业促进条例。

7.4 政策扶持层面

7.4.1 税收优惠和财政补贴

在政策的整理和介绍方面，国家税务总局2021年6月修订了《"大众创业　万众创新"税费优惠政策指引汇编》。广东省税务局官网的专栏"税收服务粤港澳大湾区"中，有《粤港澳大湾区税收服务指南》②《国家税务总局广州市税务局支持港澳台来穗创新创业政策文件》③。但是在香港、澳门税务局官网目前欠缺粤港澳大湾区税务的专栏介绍，建议增加。另外，也可以建立一个粤港澳大湾区青年大学生创新创业税务平台，将信

---

① 朱仁达．开展创新性立法为粤港澳大湾区建设提供法治保障 [J]．人民之声，2021（7）：13 - 15.

② 粤港澳大湾区税收服务指南 [EB/OL]．（2023 - 03 - 28）[2024 - 01 - 30]．https：//guangdong. chinatax. gov. cn/gdsw/zhswsszldwqjszczl/2023 - 03/28/content_46e522dea2fe422ea8df29764 e3b1e74. shtml? eqid = be7ae09300005fe700000006645af1e5.

③ 国家税务总局广州市税务局支持港澳台青年来穗创新创业政策文件 [EB/OL]．（2020 - 05 - 01）[2024 - 01 - 30]．http：//guangdong. chinatax. gov. cn/gdsw/gzsw_gjssfwygadwq/202005/ 525e915e685a426ebb919ed390ece977/files/60e6fe424c384fedb110848ecad68863. pdf.

息集成发布，对青年大学生创业进行一对一税收政策辅导，定期向纳税人提供操作指引和税收优惠政策等信息。

在探讨减轻大湾区港澳人才税负水平方面，政府集中关注了港澳人才到内地工作的税负偏高的问题，而没有探索大湾区内税制一体化的问题，内地以及到港澳留学回国的毕业年度内高校毕业生作为创业重点群体，是可以享受税收减免的，但港澳本土的应届毕业生到大湾区创业，是否可以享受同样的税收优惠呢？建议先在大湾区内的创业基地，把青年大学生初创企业作为试点，实行统一的税制，具体的税率可以由三地政府进行协商，试点期限结束后，看实施效果如何再确定是否全面推行。

适当对投资环节进行税收优惠，引导社会投资进入青年大学生创新创业活动中来。例如，为支持人才强省建设、吸纳境外高端紧缺人才来粤发展，广东省对在粤港澳大湾区工作的境外高端人才和紧缺人才实施个人所得税税负差额补贴免征个人所得税政策①。为支持创业就业平台，广东省加强落实科技企业孵化器、大学科技园和众创空间增值税、房产税、城镇土地使用税优惠政策，充分发挥创业投资促进"双创"和增加就业的独特作用。

应完善目前以"加计扣除"与"投资减税"为主的税收激励政策，减少要素投入环节激励对于创新研发的积极度抑制。同时可注重对创业环节的税收激励，如创新产品进入市场销售环节进行减税优惠，激发创业者的研发积极性和研发效能最大化。

7.4.2　知识产权保护

进一步加强知识产权学院建设。截至 2023 年底，广东省设立知识产权专业的高校有 46 所；全省高校共建立知识产权学院 5 个，依托华南理

---

① 广东省财政厅　广东省科学技术厅　广东省人力资源和社会保障厅　国家税务总局　广东省税务局关于继续贯彻落实粤港澳大湾区个人所得税优惠政策的通知［EB/OL］. 2021 – 08 – 18. http：//czt. gd. gov. cn/sszc/content/post_3164606. html.

工大学、深圳大学建设的国家知识产权培训（广东）基地两个。有相应条件的高校应整合教学资源，设立知识产权专业或知识产权法学、管理学相关硕士点、博士点。高校有知识产权专业方面的资源，就有相关的师资和科研力量，对本校的知识产权教育助力不少，青年大学生若在校就开展创新创业活动，就近就能找到知识产权方面的导师和专家。

积极推动知识产权地方立法工作。广东省市场监督管理局于2020年启动《广东省知识产权保护条例》《广东省版权条例》《广东省地理标志条例》的立法起草工作，2022年广东省人大常委会分别于3月29日、9月29日和11月30日审议通过了以上三个条例。随着数字化技术的迅速发展，专家提出须尽快建立数字化知识产权保护体系。

加快知识产权保护中心的建设。中国（广州）知识产权保护中心是在粤港澳大湾区布局建设的第6家保护中心（已建成广东、深圳、佛山、珠海、汕头保护中心），同时也是疫情期间经线上远程考察通过后即开始筹建的，有望建成集快速审查、快速确权、快速维权于一体，符合国家标准要求的保护中心。中国（广州）知识产权保护中心的建成将有助于营造良好的创新创业环境，有助于构建区域示范性的知识产权保护高地。截至2021年，珠三角九市中的肇庆、东莞、惠州、中山、江门尚未建立知识产权保护中心，在大湾区的城市做到覆盖，能形成更好的保护链条。

继续进行打击侵犯知识产权犯罪专项活动。据统计，2023年，广东省市场监管部门共查办侵权假冒案件20929宗，罚没1.9亿元，移送公安机关371宗，公安机关共立侵权假冒犯罪案件1926起，破案1678起，捣毁犯罪团伙419个，抓获犯罪嫌疑人4870名。①

完善专利运营法律保护机制。专利运营很大程度依赖于当前的法律政策环境是否能够提供有效保护机制，政府应在继续坚持对企业侵权行为严厉打击的基础上，加大对侵权产品销售终端的约束惩罚力度，辅以政府主

① 行刑并举 铁拳出击！广东省依法严厉打击侵权假冒违法行为［EB/OL］.（2023－01－11）［2024－02－18］. https：//baijiahao. baidu. com/s？id＝1787794625429785387&wfr＝spider&for＝pc.

导的系列知识产权评定奖励活动，为知识产权管理提供更好的法律保障。

促进知识产权运用和保护制度创新，推动重点产业领域高价值专利培育布局。支持在合作区设立服务粤港澳大湾区科技创新和产业发展的股权投资基金，鼓励香港私募基金向合作区内创新型科技项目提供融资服务，探索知识产权证券化产品二次专利许可交易模式。推动智慧工厂、区块链、数字货币等创新产品在合作区内高效转化应用，建设市场化、专业化的国际技术转移中心。

加强与港澳知识产权保护合作，推动建立知识产权案件跨境协作机制，打造国内知识产权保护高地。依托香港知识产权交易平台，深化与港澳知识产权交流与合作。

7.4.3　身份认证

推动粤港澳专业技术人员职业资格互认，拓展"一试三证"的范围，即一次考试可获得国家职业资格认证、港澳认证及国际认证，争取国家支持开展大湾区跨境执业便利化改革的试点，允许取得建筑及相关工程咨询等港澳相应资质的企业和专业人士为内地市场主体直接提供服务，推进降低港澳专业人才职业门槛。广州市南沙区在全国率先探索商事登记确认制、率先试点聘任港澳籍劳动人事争议仲裁员并在港澳籍人民陪审员方面做出探索，正式启用粤港澳大湾区暨"一带一路"法律服务集聚区，实现了港澳籍人才担任公职人员。"一试三证"的范围应进一步扩大，特别是在大学生就读期间就参加的一些资格认证考试，大湾区内的高校组织的考试认证能在大湾区内得到互相认可。

"十三五"期间广州市扩大大湾区对港澳职业资格（工种）的认可增至 32 项。[①] 广东持续拓展职业资格认可的范围，在医师、教师、导游等 8

---

① 互联互通谋发展激活引擎新动能［EB/OL］.（2021 - 01 - 20）［2024 - 01 - 30］. http：//www. gz. gov. cn/gzstyjrswj/xwdt/content/post_7038980. html.

个社会重点关注的专业领域，以单边认可带动双向互认，并在全国率先试点面向港澳居民招聘公务员、出台事业单位公开招聘港澳居民管理办法。

内地法律服务市场逐步向港澳律师开放，支持港澳律师投身粤港澳大湾区建设，融入国家发展大局。2021 年粤港澳大湾区律师执业考试在广东省深圳市、珠海市和香港特别行政区顺利举行。根据 2020 年 10 月国务院办公厅印发的《香港法律执业者和澳门执业律师在粤港澳大湾区内地九市取得内地执业资质和从事律师职业试点办法》（以下简称《试点办法》），在广东省九市开展试点工作，试点期限为三年，符合条件的香港法律执业者和澳门执业律师通过粤港澳大湾区律师执业考试，取得律师执业证书（粤港澳大湾区）的人员，可以在粤港澳大湾区内地九市内，办理适用内地法律的部分民商事法律事务。《试点办法》报名条件要求具有五年以上律师执业经历（不含实习或见习期），建议报考条件适当放宽至实习或见习期的港澳高校青年大学生也可以报考，这部分人有可能是创新创业潜在的力量，即使考试没有通过，不从事律师业务，也可以投身到创业的队伍中来。2021 年 7 月 3 日，我国首次粤港澳大湾区律师执业考试开考，截至2023 年，考试已经成功举办了三次。

便利港澳投资者开办企业的"深港通注册易""深澳通注册易"，最早由前海合作区试点向深圳全市推广。截至 2023 年底，"深港通"累计交易金额逾 75 万亿元人民币，市场开放和跨境合作不断拓展，金融机构试点北上"理财通"，金融专才资格实现三地互认。

以"湾区通"工程为抓手，整合提供一站式湾区资讯、主题服务和商机速递功能，推出港澳居民在粤办事指南，实现个别事项跨境办理。建立覆盖来粤发展港澳人员的就业政策服务体系，协助政府拓展港澳人员来粤发展的就业渠道，构建全链条服务体系，提供政策、法律、融资等多层次全方位的服务，为港澳青年在企业注册、项目申报、个税优惠、就业登记、社保补贴办理等方面开辟"绿色通道"，促进粤港澳人才培养、资格互认、标准制定等方面加强合作。推进实施港澳居民居住证政策，使港澳居民在内地实现免办就业许可证，推动有居住证的港澳居民在粤参加城乡居民养老保险、医疗保险，享受与内地居民同等的财政补贴和社保待遇。例如，珠澳签订的"湾区社保通"合作备忘录，港澳台居民可"一站式"申领社保卡。通过商事登记制度改革，简化营业执照办理流程，通过人工智能对登记条件进行标准化管理。例如，"湾区通办"政务便民自助服务终端（惠州市）、"智能湾区通"（江门市）等，港澳同胞在大湾区办公司，只需要通过港澳居民来往内地通行证进行身份认证，在家用手机即可申办营业执照，实现商事主体登记审批全程电子化智能化。用户通过"智能湾区通"申领营业执照，不需再委托他人进行办理。在疫情防控关键时期，实现"不见面审批"，避免因聚集产生疫情传播风险。

7.4.4　电子商务

青年大学生成长的时代背景和拥有的知识文化技能，使得他们更加擅长电子商务运营。

根据《广东省人民政府关于印发中国（梅州）等 7 个跨境电子商务综合试验区实施方案的通知》，创新人才培养模式，以市场为导向，健全跨境电子商务人才引进、培养机制，建设跨境电子商务创新创业孵化基地。支持高等院校、中职中技学校开设跨境电子商务相关专业，培养复合国际型跨境电子商务人才；鼓励大湾区院校、跨境电子商务企业举办各类技能大赛和创新创业活动，提高人才素养和创新能力。推动本科高校、职业院校和企业深度合作，通过产学研合作培养高素质跨境电子商务人才。

利用大湾区人力资源优势及投资创业成本优势，吸引品牌运营、创意推广、网红直播、跨境物流、知识产权和国际税务等跨境电子商务配套服务资源集聚于此，培育一批优秀跨境电子商务服务商。加大对天猫国际、京东全球购、唯品会、考拉海购等跨境电子商务平台的招商力度，吸引跨境电子商务优质资源向大湾区聚集，改善产品和服务供给，丰富大湾区城市消费市场，优化消费环境，打造大湾区消费平台。

建立跨境电子商务完整的供应链和物流体系，建设集跨境电子商务零售进出口商品和个人物品快件通关、进出口贸易于一体的多功能申报平台，实现一次申报、一次审批、一次放行，为企业提供更便捷的通关服务。探索建立跨境电子商务信用体系，对跨境电子商务企业实施分类管理，提升通关系统效率。探索试点跨境电子商务出口商品退货监管，建立高效、安全、快捷的出口商品退货渠道。

7.5　宣传、平台建设层面

利用5G技术，大力推动传统宣传活动数字化转型，整合大湾区现有的创新创业资源，鼓励线下的创新创业宣传率先线上开展，探索线上线下同步互动、有机融合的宣传新模式。培养树立创新创业成功典型，积极开展创新创业优秀榜样宣讲交流活动，发挥先进典型的引领带动作用。加强创新创业基地和平台的建设，针对创新创业基地较薄弱的地区制定具体实施方案，加大创新创业基地的宣传科普力度，进而推动大湾区的创新创业建设发展。

7.5.1　数字化转型背景下的云宣传手段

传统的宣传手段主要是线上与线下相结合，如召开记者发布会、举行交流座谈会、通过宣传海报、电话、报刊与新媒体结合等方式。

在5G技术下，信息的传播最明显的变化将会是信息的传播由简单的一维信息和二维信息转化为更加立体的三维信息，三维信息主要是通过录像设备或是直播设备以及其接收设备，将极具仿真性的信息传递给接收者，这能够节省一维信息和二维信息传播所需要的编码和解码时间，使人们近距离感受到仿真性极强的信息，实现信息的大量快速传递，降低了传输的资费，确保了各种仿真三维信息的传递，确保实现信息的大量真实传输。这意味着，依托5G的应用，宣传的渠道将更加丰富，宣传的内容将更为详尽，宣传的效率将大大提升，VR 的场景体验式宣传、个性化定制信息的宣传模式、超清的现场直播式线上宣传等都将成为现实。

充分运用 5G 技术，开展"云宣传""云展览""云洽谈"等线上宣传活动，加大创新创业线上宣传力度。促进线上线下宣传合作发展，大力推动传统宣传活动数字化转型，整合大湾区现有的创新创业资源，打造网络资源集群，鼓励线下的创新创业宣传率先线上开展，探索线上线下同步互动、有机融合的宣传新模式。支持开展跨城市、跨区域宣传合作，有效发挥粤港澳三地的示范、带动和辐射作用。通过这些宣传方式，能够满足青年大学生创新创业的信息需求，拓宽青年大学生创新创业的知识面，为有创新创业想法的青年大学生了解双创相关信息提供数据支撑，为青年大学生在创新创业过程中获取资源提供全面性、及时性、多维性的信息平台，提高青年大学生创新创业的成功率。

广东省推进粤港澳大湾区建设领导小组办公室搭建了"粤港澳大湾区门户网"，网站上有一个主题是"政策库"→"创业就业"，但里面只有一些政策文件。建议做一个专门的大而全的集成式的粤港澳大湾区青年大学生创新创业平台，请专门的公司做具体维护和运营，前面提到创新创业法律法规政策汇编也可以由此公司来完成。

7.5.2　创新创业成功典型培养、树立、宣讲

首先要重视创新创业人才的培养，高校要认真贯彻落实《广东省教育厅关于深化高校创新创业教育改革的若干意见》，领会精神，因地制宜，研究策略，以深化创新创业教育改革为着力点，将培养创新精神、创业意识和创新创业能力作为评价人才培养质量的重要指标，促进人才培养与经济社会发展、创业就业需求紧密衔接。学校要高度重视大学生创新创业教育工作，把创新创业教育作为高校的重要职责和任务，为建设创新型国家培养创新创业型人才，把创新创业教育融入专业教学，贯穿创新创业人才培养的全过程，加大创新创业人才的培养力度，提高创新创业的成功

比例。

而后，积极树立创新创业成功典型，为青年大学生创新创业提供优秀的学习榜样，并积极引导创新创业优秀榜样配合开展宣讲活动，分享交流创新创业的成功经验。创新创业成功典型宣讲活动的开展可参考借鉴湖南省的创新创业先进典型巡回报告会。湖南省创新创业先进典型巡回报告活动是由湖南省委、省政府主办，省委宣传部、省工商联等共同组织，45名报告团成员分成5组，分赴全省14个市、县巡回开展的系列报告活动，在2015年6月6日的报告会上，湖南友谊投资咨询集团董事长张海岸，分享其跳出体制举债下海创业，一波三折进行企业转型升级，实现公司年工程服务标的额突破1000亿元的创业史，① 诠释了敢为人先的创新精神，激发了人们创新创业的热情和激情。粤港澳大湾区可参考借鉴湖南省的宣讲经验，以创新创业成功案例宣讲报告会为契机，发挥先进典型的引领带动作用。

在大湾区内，港澳青年创新创业成功案例很多，如香港的创业青年陈升，从传统的人力资源咨询和教育培训转向互联网创业的他，被深圳前海合作区针对香港人才制定的15%的个人所得税的优惠政策所吸引，决定在前海创业，最后成功创办了学学科技服务（深圳）有限公司。又如大学毕业不久的香港青年陈贤翰，于2014年在香港创立了自己的建筑设计工作室，租金和人力成本高昂，但香港的设计市场容量却很有限，小型初创企业很难分一杯羹，2018年，在广州市天河区的政策扶持下，陈贤翰在天河区成立了工作室的内地分部，没想到内地市场远超预期，短短几个月，广州分部的规模已超过了香港分公司。② 香港青年王赋源2019年在广州创业推广智能化迷你仓，公司设立在广州市天河区港澳青年之家，目前迷你仓已经投放在广州和深圳等地，不同大小的仓能很好地解决大城市居民的日

① 湖南省创新创业先进典型来辰溪宣讲［EB/OL］.（2015-06-08）［2024-01-27］. http://news.sina.com.cn/o/2015-06-08/155431926648.shtml.
② 三位香港青年在粤港澳大湾区的创业故事［EB/OL］.（2020-09-15）［2024-01-27］. https：//baijiahao.baidu.com/s? id=1677875164741488361&wfr=spider&for=pc.

常生活需求。① 香港青年郭玮强本科时期的毕业设计作品智能行李箱，不仅可以在托运过程中定位，还可以用手机操控解锁、智能称重，在旅途中找不到充电电源时，甚至可以作为移动电源。2016 年他带领团队入驻深圳前海深港青年梦工场，在这里开启了新的创业之旅，目前他研发的智能行李箱，已经获得 18 个生产专利，在全球超过 13 个国家和地区销售超过 15 万个，而他和搭档创办的智能随身物品科技公司，也已经获得超过 1500 万元的融资，市场估值超过 1.2 亿元。② 香港青年林子豪在内地生活超过 10 年，但他仍然时常怀念香港美食，2018 年，毫无饮食行业从业经历的他和四位佛山朋友合伙在佛山市顺德区开设了一家楼高三层、占地超过 650 平方米的港式茶餐厅，如今茶餐厅已经在佛山站稳脚跟，并尝试着将脚步迈向大湾区的其他内地城市。③ 香港青年何禹霏从香港警队离职后来到惠州市，热爱运动的她发现周边的健身场所数量不多，规模较小，其中的教练水平也良莠不齐，经过多方考察之后，她决定往自己的兴趣和专长发展，创办了自己的健身会所品牌。④ 2016 年香港青年黄惠铭、杨汉华从海外学成归来后，来到东莞市创业，虽然东莞素以"世界工厂"闻名，但他们却没有选择传统工业领域，他们觉得农业是非常有发展前景的，于是，他们便和另外几位合伙人在东莞市企石镇的江边筑建起"我的农场"。⑤ 2018 年，澳门青年何国涛带领团队凭借"AI 汽车芯脑"项目获得首届中国横琴科技创业大赛的第一名，赢得了珠海市政府和澳门特区政府

---

①　创业在湾区｜港青"背"个仓来广州创业，火了！［EB/OL］.（2021 - 07 - 20）［2024 - 01 - 27］. http：//www. cnr. cn/gd/zt/cyzwq/20210720/t20210720_525539513. html.

②　创业在湾区｜拉个"箱"就来深圳创业，他好敢！［EB/OL］.（2021 - 07 - 26）［2024 - 01 - 27］. http：//www. cnr. cn/gd/zt/cyzwq/20210726/t20210726_525544542. html.

③　创业在湾区｜正！他将大家最爱的传统"港味"带到佛山！［EB/OL］.（2021 - 07 - 31）［2024 - 01 - 27］. http：//www. cnr. cn/gd/zt/cyzwq/20210731/t20210731_525549145. html.

④　创业在湾区｜"陀枪"十年后，她在惠州变身"香港师姐"！［EB/OL］.（2021 - 08 - 04）［2024 - 01 - 27］. http：//www. cnr. cn/gd/zt/cyzwq/20210804/t20210804_525552169. html.

⑤　创业在湾区｜想不到吧，他们在东莞"耕"出农业新路！［EB/OL］.（2021 - 08 - 09）［2024 - 01 - 27］. http：//www. cnr. cn/gd/zt/cyzwq/20210809/t20210809_525556574. html.

的大力支持，于是他的普强时代信息技术公司落地珠海横琴自贸区①。26个台湾青年创业团队进驻深圳前海深港青年梦工场，如郑韦治带着新材料研发项目参加前海台湾赛区的粤港澳台青年创新创业大赛，在众多参赛团队中脱颖而出，顺利进入前海总决赛，在路演时得到创投基金青睐，并获得大赛银奖。②

　　上述的创业故事，我们可以在中央广播电视总台粤港澳大湾区之声推出的专题微纪录片《创业在湾区》中看到，这种纪录片的宣传方式能够让更多的青年大学生知晓他们的创业故事，除此之外，还可以充分利用这些创新创业的优秀案例，由相关部门或者协会举办粤港澳大湾区创新创业成功典型宣讲报告会，邀请这些成功的创业者现身说法，让青年大学生更加近距离地接触创业"偶像"，起到成功案例的宣传作用和激励价值，进一步激发青年大学生创新创业的热情。

7.5.3　创新创业辅助平台搭建

　　目前，大湾区的创新创业基地建设仍在进行中，如广州市天河区的粤港澳大湾区（广东）创新创业孵化基地于 2020 年底建成，目前正在开展入驻项目申报工作。而创新创业基地建设相对缺乏的肇庆市，也制定了《肇庆新区港澳青年创新创业基地建设实施方案》，方案中规划，到 2025年底，各县（市、区）至少建成运营一个港澳青年创新创业基地，形成以肇庆新区港澳青年创新创业基地为龙头的"1 + N"全市孵化平台载体布局，把肇庆市建设成为大湾区连接大西南的港澳青年创新创业集聚区。接下来，粤港澳大湾区还须继续加快加强创新创业基地的建设，依托现有双创示范基地、众创空间、创业孵化基地等孵化载体，鼓励企业、高校、科

---

　　① 创业在湾区｜你用到的语音识别，可能就是这位澳门人的技术！［EB/OL］. (2021 - 07 - 28)［2024 - 01 - 28］. http://www.cnr.cn/gd/zt/cyzwq/20210728/t20210728_525546596.html.

　　② 26 个台湾青年创业团队进驻前海［EB/OL］. (2021 - 08 - 09)［2024 - 01 - 27］. https://baijiahao.baidu.com/s? id = 1707569059321307415&wfr = spider&for = pc.

研院所等社会力量新建一批粤港澳青年创新创业孵化基地，对在广东省内设立众创空间、孵化器、加速器等孵化载体的港澳机构给予启动资金及办公场地租金补贴，鼓励各类创新创业载体开辟专门面向港澳青年的创新创业空间，充分发挥大湾区的地理优势，广东省牵头联动港澳打造高端科技创新合作平台，建立一批产业创新中心、技术创新中心和公共服务中心，为创新创业基地的企业和项目团队提供研究开发、技术转移、科技咨询等服务，持续提升在孵企业的创新能力。完善基地创新创业成果转移转化激励政策，鼓励港澳创新创业项目在深圳实现成果转化。推进高校、科研院所、基地创新创业资源共享，加速科技成果转化和技术转移，促进科技、产业、投资融合对接，支持港澳高校在深圳设立产学研基地，促进大湾区创新创业产学研一体化。

除了不断加强建设创新创业基地以外，加大创新创业基地的宣传力度也是未来大湾区建设的一个努力方向，根据本书课题组组织的"粤港澳大湾区青年大学生创新创业法律环境调查问卷"的统计结果显示，在对"您知道下列粤港澳大湾区的青年创新创业基地吗？"的回答中，选择"都不知道"的比例为36.38%，占比最高（见附录1第6题）。可见当前的青年大学生对大湾区内的创新创业基地了解不足，对各个创新创业基地的主要内容、功能缺乏认知，在未来的大湾区建设工作中，应加强对创新创业基地宣传工作的重视，大湾区内各地应加大对各自地区内的创新创业基地或平台的宣传力度，充分发挥创新创业基地的作用和价值。

7.6 政府政务便利化层面

深化"放管服"改革和行政审批改革，提高政府行政审批的工作效率和透明度，推动政务服务模式创新，优化营商环境，不断推进创新创业各环节的行政审批简化和电子化，建立粤港澳大湾区行政审批协同机制，简化创新创业行政审批环节，全面实现行政审批全程电子化；制定专门针对大湾区创新创业的统一性指引文件，细化大湾区创新创业的指引或指南；建立大湾区创新创业联席会议机制，不断推进粤港澳三方在创新创业启动、创新创业激励、居民认证、企业信息等方面的协调合作，发挥联席会议的沟通联络机制作用。激发大湾区创新创业市场活力和社会创造力，为促进大众创业、万众创新提供有力支撑。

7.6.1   创业各环节的行政审批简化和电子化，鼓励青年大学生敢尝试先行动

近年来，广东省不断颁布相关政策对创新创业各环节的行政审批进行简化和电子化，在融资方面，广东省印发了《关于明确港澳银行在大湾区内地九市办理不动产抵押登记有关事项的通知》，规定港澳地区银行凭经公证、转递的设立文件或注册证明作为身份证明材料，即可在广州、深圳、珠海、佛山、惠州、东莞、中山、江门、肇庆珠三角九市办理不动产抵押登记。同一港澳银行在同一不动产登记机构再次办理不动产抵押登记时，无须重复提交上述材料。此项举措为大湾区内双创企业通过港澳银行开展跨境抵押融资等带来极大便利，解决了港澳银行办理抵押登记必须在内地开设分支机构或代表机构的门槛问题；在企业注册方面，广东省先后实施注册资本认缴制、企业名称自主申报、经营范围规范表述、住所申报、"多证合一"改革等，企业登记门槛大幅降低；深化市场主体退出制度改革，试行清税"承诺制"，破解企业注销难，开办企业程序从 14 个压缩为 3 个，办理时间从 35 个工作日压减到 3 个工作日内，极大提升了企业开办便利度；与此同时，粤港澳大湾区商事登记一体化也在不断升级。2017 年 6 月，广东省以全程电子化为基础，推行商事登记"银政直通车"服务——利用银行网点资源，将商事登记受理窗口向前延伸到粤港澳各银行网点，便利企业提交申请。目前，深圳、东莞、广州南沙等地在司法部支持下已试用简化版商事登记公证文书，公证文书跨境信息化流转工作正在进行系统对接，进一步加快粤港澳大湾区一体化进程。

此外，大湾区内部分城市也加快探索企业创新创业行政审批简化和电子化路径的步伐，如广州市运用 5G、大数据等新科技手段，打造了首个开办企业"5G 智慧导办"，创建与开办企业相关的知识库、问答库，平台指引全面数字化、可视化，导办机器人和后台导办人员通过 5G 可视化等手段即时与企业点对点沟通，为创新创业企业办理行政审批提供电子化指引，有效提高了行政审批的效率，极大提升了网上办企便捷性和体验感。佛山市实施企业登记联合审批制度，推进工商营业执照、组织机构代码证、税务登记证"一站申请、三证同发"及后续"三证合一"，有效提高了行政审批的效率。2019 年佛山市南海区启动粤港澳大湾区政务通办电子系统，政府部门办事服务数据互联互通，打破区镇办事审批层次，实行线上线下无差别审批，促进各类要素在大湾区内便捷流动和优化配置，使港澳双创人员能通过自助终端服务系统真正实现跨境远程办事。2020 年 12月，珠海横琴新区设立了商事登记澳门投资者公证服务专窗，由横琴公证处根据澳门投资者的需求，代办其在澳门的商事登记资料公证认证手续。由此将办理公证认证和商事登记业务一体衔接，形成"一条龙"服务，实现澳门投资者前来横琴申请商事登记"一窗受理、一次办结"，对支持澳门企业、个体创新创业，鼓励港澳台中小投资者到横琴投资发展具有重要意义。①

目前，大湾区在创新创业行政审批改革方面虽已取得一定成效，但仍可以进一步改进。第一，粤港澳三地之间的行政审批仍存在行政制度壁垒，港澳青年在内地创新创业面临着个人证照办理审批手续过于烦琐、企业融资渠道受限、优惠福利落实有障碍等问题。第二，珠三角九市之间存在行政审批改革程度不平衡的问题，根据广东省市场监督管理局所发布的《2019 年度广东各市开办企业便利度评估报告》②，从 2019 年度开办企业

① 企业开办平均时间 1 天 广东办企便利度达国际先进水平 [EB/OL]. (2021 - 02 - 02) [2024 - 01 - 27]. http：//www. gd. gov. cn/zwgk/zdlyxxgkzl/xzsp/content/post_3219149. html.
② 2019 年度广东各市开办企业便利度评估报告 [EB/OL]. (2021 - 02 - 01) [2024 - 01 - 27]. http：//amr. gd. cn/gkmlpt/content/3/3210/post_3210040. html#2953.

申请人跑动次数来看，次数最少的是佛山市，为 1.90 次，而同属大湾区的惠州市次数为 3.27 次，相差 1.37 次；从 2019 年度开办企业商事登记便利度来看，得分最高的深圳市为 95.63，惠州市为 89.23，两者相差 6.4 分，可见大湾区内各城市之间的行政审批简化和电子化水平存在较为明显的差距。第三，行政审批的简化力度不够大，目前在大湾区内进行创新创业行政审批的工作流程所需的时间较长，对比国内外先进地区在行政审批的程序上仍需进一步减少不必要的流程、优化行政审批各环节。第四，行政审批的电子化改革的深度和广度仍有待提升。大湾区内各地虽已陆续开展行政审批电子化服务，但对于创新创业各环节的信息系统整合对接不够充分，各个行政审批部门之间的信息数据尚未完全实现"一网共享"，离实现企业行政审批全程电子化还有一定距离，在行政审批过程中对港澳创新创业青年的实名认证和电子签名等方面检验方式复杂，电子系统的智能性、人性化、便利性及用户使用体验仍有较大提升空间。可针对行政审批改革水平较低的城市提出相应的改进意见，缩小城市之间行政审批改革水平的差距，推进珠三角九市行政审批简化、电子化工作的互通互助、协同发展、均衡发展。行政审批简化、电子化水平较高的城市如广州、深圳等市可以对水平较低的城市开展帮扶工作，分享成功经验，实现资源共享优势互补，在沟通合作中互利共赢，推动大湾区创新创业行政审批改革的区域均衡发展。

围绕国务院"简政放权、放管结合、优化服务"的工作要求，深化行政审批制度改革，加大行政审批的力度，取消、下放行政审批中部门互为前置的行政性认可事项，最大限度减少行政程序对创新创业的阻碍。全面贯彻落实注册资本认缴登记制和推进"三证合一"改革，全面推行"一照一码"登记模式。放宽初创企业准入的登记条件限制，实施"一址多照""一照多址"等住所登记改革，进一步简化民办非企业单位登记程序。推广"一窗式"政府服务管理模式，实现行政审批及服务事项便捷办理，提高创新创业企业开办的行政审批效率，为大湾区创新创业在行政审批方面提供服务便利。

加快大湾区内创新创业信息化建设，实现行政审批全程电子化，加强各区域之间信息资源共享。利用行政审批网络系统，对创新创业各环节的行政审批信息进行整合对接，实现各个行政审批部门之间的信息数据的一网共享，减少行政信息重复的出现，提高审批过程的效率和审批结果的准确性。加强信息公开，及时公开行政审批项目与相关信息，在政府网站上公开各项审批业务的办理流程，开通网上受理咨询和投诉业务；公开创新创业行政审批的各项具体要求和注意事项。加强网上审批的多维度配合，在横向上实现各个行政审批部门的联网，纵向上实现各级政府和部门的联网。

7.6.2　创新创业指引和指南细化，弥补青年大学生实操经验不足的缺陷

尽管目前大湾区内已发布了涉及创新创业的相关指引文件，但专门针对大湾区制定的关于创新创业的指引或指南数量较少，目前大湾区内的创新创业指引文件大致可分为两类，第一类是大湾区内某一区域制定的局部指引文件，如深圳市发布的《深圳市龙岗区深龙创新创业英才计划实施细则》、广州市针对港澳青年制定的《广州市黄埔区、广州开发区支持港澳青年创新创业实施办法》，这类指引文件在适用上存在区域限制，且各区域创新创业指引文件中优惠政策的差异容易造成大湾区内创新创业人才流动倾斜，不利于大湾区各区域创新创业均衡发展。第二类是针对创新创业内容而制定的指引文件，如针对创新创业基地制定的《广东省经济和信息化委小型微型企业创业创新示范基地建设管理办法》，这类指引文件虽然对于创新创业特定环节或内容具有指导作用，但缺乏全面性和普遍性，大湾区内目前还没有形成一份统一的、全面的、完整的创新创业指引文件或指南。

现有的指引文件仍存在着过于笼统、部分概念模糊、界定标准不明确、缺乏具体实施细则等问题，如《广州市黄埔区、广州开发区支持港澳

青年创新创业实施办法》中的第八条"对于核心技术发明专利和转化情况由区知识产权主管部门委托专家进行评审认定"缺少对"核心技术发明专利和转化情况"的认定标准的具体规定；第十条中对各个主要评审指标如申报单位资质、孵化服务团队资质、载体服务基础设施情况、资金投入和使用合理性等没有具体的界定标准，这些缺乏详细说明的指引文件容易引起歧义，易引起本就缺少创新创业经验的青年大学生的错误理解，不利于青年大学生创新创业的实践。又如《广东省人民政府关于强化实施创新驱动发展战略进一步推进大众创业万众创新深入发展的实施意见》中的第十一条："深入推进全国人才管理改革试验区（粤港澳人才合作示范区）建设，推进港澳台青年创新创业基地建设，支持港澳台青年人才和高等学校毕业生来粤创新创业"，缺乏对支持港澳青年人才和高等学校毕业生来粤创新创业等方面的具体实施方案，可操作性不足，所发挥的实际价值有限。

指引文件欠缺具体落实的部门或单位。针对创新创业指引文件的内容，结合各部门的工作职责，指定各个环节的实施细则的负责部门，充分落实各部门粤港澳大湾区创新创业建设的实施工作。

创新创业政策文件庞杂，无法分类对比。大湾区内各地只负责制定各自的创新创业政策，互不相通，政府应站在全局角度对目前现有的政策进行总结、分类、解读，组织人员编写成册，方便创业者查阅和对照比较。例如，深圳市前海管理局全资直属的三家平台公司之一前海科创投控股有限公司（简称"前海科控"）编写的《前海创新创业政策字典（2020年）》，该字典的目录按多种查询方式进行分类，满足创业者及就业者不同的查询习惯，具体如"按政策享受主体查询"分为个人类、团队类、公司类、载体类；"按申报项目类型查询"分为个人类项目、公司类项目及载体类；"前海创新创业政策汇总"列明前海相关创新创业政策文本。

电子指南要改进和细化。2021年3月29日，广东省推进粤港澳大湾区建设领导小组办公室和广东省人力资源和社会保障厅联合推出《港澳青年创新创业基地导览》电子手册①。在电子手册中，可以查询到珠三角九市的港澳青年创新创业基地的介绍和相关政策解读。这种模式很适合当代青年大学生查找资讯和信息的习惯，足不出户就可以在网上轻松了解，但这个电子手册应该继续扩容和细化，例如，在阅读文字上，除了现有的繁体和简体中文，可以增加英语等语种；在模块上可以增加初创企业的扶持和培育计划，连接到相关部门和企业，此外，创业的其他环节可能面临的问题也可以设计出来；加入香港和澳门特区的创业基地和政策解读；增加税制、知识产权等重要问题的最新规定和创业案例；增加指向创业大赛的链接；开通创新创业线上咨询业务，为大湾区青年大学生创新创业提供个性化的指引。广州创新创业服务资源共享平台"创享嘉"，整合、搭建科技创新服务体系组织架构和功能模块，汇集政府科技政策、社会服务＋机构人才、技术、项目、知识等信息资源，形成线上服务信息共享资源库，为中小企业提供成果推广、撮合对接、信息咨询、企业孵化等服务，助推"双创"事业发展。

粤港澳大湾区的 11 个城市都应该建立一个电子综合服务平台。例如，深圳前海已有创新创业综合服务平台"i 创业"，聚集创新创业资源，打造创新创业全过程服务体系线上平台，赋能前海科创产业升级及业态集聚，形成信息化、智能化、高端化的青年创新创业生活圈，为前海创业青年及中小微企业营造创新创业服务的新形态。②

将项目一对一指导和扶持制度化。创业大赛结束，获奖者可以获得导师的继续指导。例如，深圳前海深港青年梦工场创新建立"青年导师"与"学徒"机制，通过"一对一 VIP 职场课堂""职场模拟实战""行业洞察与分享"等方式，为港澳青年讲解内地产业发展趋势、就业市场形势、内地职场文化，帮助港澳青年们提前做好职业生涯规划，让港澳青年能更好

---

① 港澳青年创新创业基地导览［EB/OL］.［2024 – 01 – 30］. http：//www. cnbayarea. org. cn/service/base/.

② i 创业 – 前海创新创业综合服务平台［EB/OL］.［2024 – 01 – 30］. https：//h5. qhee. com/icy/#/pages/personal？iCode = H – FVNOQH.

地了解、融入大湾区就业及生活环境。

　　广东省目前在粤港澳青年创新创业法律服务方面的机制是"1 + 1 + N"。这个机制具体落地在广东自贸试验区南沙片区，第一个"1"指的是港澳青年创新创业法律支援服务中心，通过政府采购法律服务的方式，由内地、香港和澳门三地律师共同组成服务团队，其中，香港、澳门律师团由广州首家粤港澳联营律师事务所——金桥司徒邝（南沙）联营律师事务所牵头成立，内地律师团由广州市律师协会南沙律师工作委员会牵头成立。三地律师团队共同为港澳青年及港澳青创企业提供从招商洽谈、落地投产到生产经营全流程全天候法律服务。第二个"1"指的是"1 站式"跨境法律服务——建立"线上 + 线下"法律服务体系，线下安排精通内地、香港、澳门三种法系的专业律师坐班提供现场服务，线上成立工作专班提供"云"服务。服务内容涵盖政策解答、代书、法律援助、法律宣传、人民调解、心理辅导、临时救助 7 大类。同时，在南沙区建立港澳青年学生法律实践基地，为港澳高校法律专业的港澳青年学生来南沙实习和就业提供服务。"N"指的是 N 个巡回法律服务支援服务站——在港澳青年创新创业基地设立巡回法律服务支援工作站，目前已在"创汇谷"粤港澳青年文创社区、粤港澳（南沙城）国际青创社区、独角兽牧场港澳青创孵化平台、粤港澳（国际）青年创新工场、明珠金融科创园 5 个青创基地建立巡回法律支援服务站，为基地的港澳青年及青创企业提供精准、高效、高质法律支援服务。① 这个新机制是广东自贸试验区近 6 年以来国际化营商环境最佳案例之一，其他区域应该将广东自贸试验区南沙片区这个成功的例子进行复制、改造升级和应用，扩散至整个大湾区。

7.6.3　牵头联席交流和研讨会议，解决三地的共性问题

　　近年来，随着粤港澳大湾区一体化建设的深入和大湾区创新创业建设

　　① 案例二：粤港澳青年创新创业法律服务新机制［EB/OL］.（2021 - 05 - 14）［2024 - 01 - 30］. https：//com. gd. gov. cn/zggdzymysyq/ztzl/lznzt/gjhyshj/content/post_4076374. html.

的推进，粤港澳三地在创新创业方面的交流和研讨活动也日益增加。

（1）论坛类。2021 年大湾区青年就业创业论坛；2019 年粤港澳大湾区青年合作发展论坛；2021 首届大湾区社会创业青年论坛；深圳福田区 2020 粤港澳大湾区青年创新创业论坛；深圳宝安区航城街道办指导、粤港澳大湾区青年创业（就业）营主办的 2021 年"ALL IN 创业，大湾区创新青年人才发展合作论坛"；世界青年创业论坛从 2015 年开始在深圳前海举办了 5 届；全球青年创新大会从 2017 年开始举办了 4 届。

（2）创业大赛类。由政府机关部门主办主导的全国性的大学生创业比赛主要有："挑战杯"中国大学生创业计划竞赛、"互联网＋"大学生创业创新大赛、全国大学生电子商务"创新、创意及创业"挑战赛、全国大学生创新创业训练计划、"创青春"全国大学生创业大赛、全国博士后创新创业大赛、高校 GIS 论坛创新创业大赛、国际大学生 ICAN 创新创业大赛；地方性的比赛主要有："赢在广州"暨粤港澳大湾区大学生创业大赛、广东"众创杯"创业创新大赛、羊城"科创杯"创新创业大赛；而由企业主办的比较少，主要有华润置地"城市畅想"高校挑战赛。

（3）创业者交流社区类。创业社区存在的价值，应该是给创业者提供一个全方位的讨论交流环境。例如，创业帮、青年创业等，都是比较优秀的创业社区。针对青年大学生创业者群体专门的交流社区目前还未见到，笔者认为可以高校为依托在粤港澳高校联盟中设立大学生创业者交流平台。

（4）宣讲会类。例如，珠海横琴新区曾于 2019 年 11 月在澳门举行的"横琴新区进一步支持澳门青年在横琴创新创业政策宣讲会"①。

粤港澳三地之间青年大学生创新创业交流活动大多数是以民间组织或学术单位为主体针对特定行业开展的，且多以产业合作为内容，对大湾区

---

① "横琴新区进一步支持澳门青年在横琴创新创业政策宣讲会"在澳门举行［EB/OL］.（2019－12－20）［2024－01－30］. http：//static. nfapp. southcn. com/content/201912/30/c2942328. html.

创新创业建设所存在的问题的探讨不足，对改善大湾区创新创业环境起到的作用有限，而以粤港澳三地政府为主体组织的创新创业交流和研讨会议虽然也有开展，但存在着临时性、表面化、不够深入等问题，缺乏规范性、制度化，且目前在大湾区创新创业方面尚未建立联席会议机制。

创新创业联席会议机制的工作，可参考粤港澳三地法律部门的联席会议，2019 年 9 月 12 日，首次粤港澳大湾区法律部门联席会议在香港举行，设立联席会议的主要目的是按照《纲要》的指导方向，加强粤港澳三地的法律交流和协作，共同推动大湾区法律建设工作，为企业提供更全面和完善的法律及争议解决服务。在会议上，粤港澳三方同意确立法律部门联席会议的制度，由三地轮流召开，就法律交流和协作事项商讨工作进展和研究工作重点，加快推动大湾区法律调解平台项目落地，尽快成立筹备组，做实秘书处，完善各项工作机制，拓宽大湾区法律人士交流合作的渠道，推进粤港澳三地在律师、仲裁、调解、公共法律服务等方面的合作，协调解决在推进大湾区制度衔接和规则对接中遇到的问题。基于粤港澳三地的制度差异，为了解决大湾区青年大学生在创新创业过程中因身份认证、企业注册、税收政策、知识产权保护等方面面临的障碍，粤港澳三地可经过三方充分协商一致后，联合创办一个专门的创新创业协调工作部门，在贯彻落实党中央、国务院部署的基础上，由该部门以定期召开联席会议的形式，就粤港澳三地创新创业发展存在的问题进行交流研讨，总结提炼其存在的共性和解决问题的关键点所在，协调解决在推进大湾区创新创业制度衔接和规则对接中遇到的障碍，经过三方的沟通协商达成共识，形成具有约束力的规范性意见，用以指导粤港澳大湾区创新创业实施工作，解决创新创业中因三地制度壁垒而发生的争议和矛盾。不断推进粤港澳三方在创新创业启动、创新创业激励、居民认证、企业信息等方面的合作，进一步推进大湾区内创新创业的协调合作，发挥联席会议的沟通联络机制作用。

7.7　鼓励企业给予创业者支持层面

粤港澳青年大学生在大湾区创业发展的有效推动，不仅需要三地政府联动合作，更需要带动在创业活动中更具专业性和经验的企业也参与其中，为青年创新企业的发展保驾护航。珠三角九市的企业，可以借鉴香港科技园公司、数字港为创业者提供的"创业培育计划"支持服务，[①] 建立多市间联动的科技创业园区，以政府主导，企业辅助，帮助青年大学生创业者克服创业初期遇到的困难，针对新成立公司不同发展阶段的需求提供适合行业需要的支援服务，如推广宣传、顾问、风投基金配对等。

7.7.1　以提供创业指导和资金支援为主的前期培育计划

由于地方政府在行业实时发展信息资讯平台和社会化宣传网络的构建仍未完善，同时粤港澳三地的制度政策差异和创业扶持政策执行力度不够，导致青年创业者尤其港澳创业者在大湾区创业面临创业规划不成熟和缺乏创业启动资金的问题。[②] 在青年大学生创业初期，各地可以通过细分至行业类别的培育计划和资金援助，为创业者提供更加优渥的创新创业土壤。

一方面，针对不同行业领域的创业活动，设立不同培育期限的计划，对于需要更多前期投入的高新技术领域创业可提供更多的支持。包括系列种子基金保障前期研发和商务发展，提供更加多功能的共享办公室和宿舍空间，帮助创业者以最简短的流程解决创业资金和个人生活问题。同时可

---

① 常廷彬主编. 粤港澳大湾区知识产权研究报告（2017—2018）［M］. 北京：知识产权出版社，2019：33 - 34.
② 陈少彤. 粤港澳大湾区港澳青年创业政策机制研究［J］. 就业与保障，2020（18）：68 - 69.

以通过与多家国际领先设备企业和软件服务商合作，针对不同科技领域配备一流的科研器械设备和全天候的实验室服务，采用更加自由的按时有偿收费模式，实现创业公司和设备企业的双赢，让创业者进一步提高科研效率、降低研发成本，以更轻松的姿态投入到创业活动中。

另一方面，可以通过与企业的联合培育计划，让创业者能够与行业头部企业合作并获得更具专业性的创业指导，帮助创业公司更好剖析行业市场状况前景、确定创业发展方向、打造更契合创业公司的商业模式。与企业技术骨干和行业投资者进行沟通，为青年大学生创业者提供创业辅导活动，帮助青年创业者获取专业知识和指导。同时，可以通过企业家伙伴合作计划，沟通联系相关行业、知名大学、创业社区的翘楚，与青年大学生创业者沟通交流，分享创业想法和创业经验，学习创业思路和创业精神。

7.7.2 依托专业团队和行业网络的创业辅助计划

青年大学生创业者在创业过程中业务的顺利开展和团队的有效经营是重要难题，可以设计相关辅导计划和开发加速计划。通过组织业界专家团队，为青年创业者提供一定的商务辅助，帮助其打造更加详细可行的商业计划，获得相关产品推广、筹资策略的专业指导。同时通过相关团队培训计划，为创业公司提供全面的市场定位分析，帮助创业公司设计推出最小化可行性产品以把握市场用户需求，为创业公司提供相关法务培训，帮助创业企业保护知识产权和技术专利，尽早实现产品商业化。针对创业者在产品科技研发中的技术问题和早期创业园区实验条件限制问题，可以采用与企业与高校合作模式，充分利用企业与高校成熟的技术团队资源，为创业企业提供其在研发过程中所需的专家技术支援和管理培训，为创业者提供相应的咨询。

构建行业网络及业务拓展平台，实现跨地区跨国家跨行业的多维联动，整合大湾区行业动态信息，提供相应的落地政策和支援服务咨询，为青年创业企业提供更全面更具时效性的行业合作讯息，帮助其更好地把握新机遇。同时实现跨区域的市场资源对接，建立互换产业优势的产业链，推动创业公司和行业相关创新企业的研发合作，以及与生产商供应链的研发成果产业化合作等。同时通过行业网络平台为青年创业企业提供更匹配的资源和更强大的行业合作关系网络，帮助其更好地进入市场。

7.7.3 提供市场推广服务和全球投融资平台支持

依托科技创业园，通过更具经验的销售企业承办相关的品牌展览、产品发布会、沙龙交流和传媒宣传，展示青年创业公司的产品和创新科技，实现多渠道多受众专业化的产品市场推广。通过产业连接服务活动，推动青年大学生创业团队同各地各行业协会及行业兴趣人士的互动交流。通过产品设计计划，与专业设计团队合作，让青年大学生初创企业探索设计社群与创新科技社群间的合作机遇，交流产品设计思路和理念，交流品牌设计方案，从而强化品牌，巩固初创企业在中国乃至世界市场上的定位。

设立相关创业投资基金，参与创业企业初期及早期的创业投资活动，深入跟进初创企业的发展，时刻把握创业团队发展动态，驱动创新产品服务的设计诞生，推动初创企业蓬勃发展。并通过自身投融资平台和科创产业园的各类活动，带领青年创业团队参加各地路演和募投活动，建立创业企业与投资者、投资渠道之间的联系，展示青年大学生创业团队独具的发展潜力，帮助初创企业匹配合适的投资者和投资渠道，推动私人投资者和天使投资者加入青年创业项目当中，实现创业者与投资者的双赢，也为创新青年大学生创业生态圈和大湾区投资社群缔造更多的价值。

7.8 加大对内地青年大学生创新创业的扶持力度

高层次人才是技术创新、产业协同、城市共融和制度创新的重要支撑。随着习近平总书记"发展是第一要务，人才是第一资源，创新是第一动力"这一重要论断的提出，全国各个城市展开了对青年大学生的"抢人大战"。然而，珠三角九市除了利用好大湾区优势提供良好的硬件设施和资金支持外，更重要的是要通过人才扶持政策，打造人才成长、成才的良好环境，形成易居、易业的健康人才生态。

7.8.1 吸引九市以外的优秀人才参与大湾区建设

在大湾区建设中，各地政府将人才政策作为人才流动集聚的推进器。广东省政府和珠三角九市配合在粤港澳大湾区中的城市定位和主导产业制定差异化的人才政策，为的是吸引九市之外的国际人才，在全国人才抢夺竞争中脱颖而出。

7.8.1.1 加大政策扶持力度

大湾区人才教育基础薄弱，受高等教育人口比例较低，受高等教育人才占常住人口比例仅为 17.47%（其中香港特区为 26.18%，深圳市为 25.19%，东莞市为 15.74%）[1]。当前创新人才对产业发展的贡献相对不足，技术输出与吸纳能力也相对不足。国内多地出现"抢人大战"，也给大湾区人才引进带来了不小的挑战。

2019 年来不断出台便利的政策，涉及金融、税收补贴、海关改革以及港澳生活便利，不仅吸引着港澳青年同时也吸引着来自全国各地的青年创业者，给青年创业者提供一片沃土，当前，广东省已建成广州粤港澳（国际）青年创新工场、横琴澳门青年创业谷、前海深港青年梦工厂等 50 多个港澳青年创新创业平台。仅广州南沙自贸区就吸引了 215 个港澳青创团队入驻。选择在大湾区进行创业选址，事半功倍。

国家和政府应加大政策扶持力度，出台相应的人才扶持政策，吸引珠

---

① 猎聘：2022 年粤港澳大湾区人才发展报告［EB/OL］.（2023 - 01 - 28）［2024 - 01 - 30］. https：//m. sohu. com/a/634976817_407401/.

三角九市以外的优秀人才加入粤港澳大湾区建设中。逐步消除人才到大湾区就业以及社会保障等方面的政策障碍，实现政策衔接和服务协同。保持除珠三角九市以外在广东省其他地区执业创业渠道通畅，推动粤港澳三地就业创业、社会保障、人才政策和服务体系趋于协同，各类资源要素自由便携流动，进一步提高港澳社会保障可携性，未来实现粤港澳大湾区三地就业创业、社会保障、人才等资源要素流动实现高度自由化。逐步完善港澳地区青年来广州就业创业期间，子女在当地的教育计划，增建部分有港澳特色的院校，结合大湾区发展的实际情况，针对性培养人才。

《关于进一步支持大学生创新创业的指导意见》提出要加大对创业失败大学生的扶持力度，鼓励有条件的地方探索建立大学生创业风险救助机制。要求教育部要会同有关部门加强协调指导，督促支持大学生创新创业各项政策的落实。地方各级人民政府要加强组织领导，积极研究制定和落实支持大学生创新创业的政策措施，及时帮助大学生解决实际问题。

7.8.1.2　加快基础设施建设

建设大湾区是推进新时代改革开放的重大战略部署，也是香港、澳门特区探索发展新路向、开拓发展新空间、增添发展新动力的客观要求，有利于丰富"一国两制"实践内涵，进一步密切内地与港澳地区交流合作。粤港澳大湾区是我国开放程度最高、经济活力最强的区域之一，在国家发展大局中具有重要战略地位。应通过多种形式大力宣传大湾区发展良好态势，使内地优秀人才认识到大湾区的重要意义以及光明的发展前景，以吸引更多内地人才前往大湾区深入了解，并参与大湾区发展建设。

《纲要》提出，要加快基础设施互联互通。加强基础设施建设，畅通对外联系通道，提升内部联通水平，推动形成布局合理、功能完善、衔接顺畅、运作高效的基础设施网络，为粤港澳大湾区经济社会发展提供有力支撑。加快以轨道和高等级公路为主体的城际快速交通网络，尽快实现粤港澳大湾区主要城市与内地各市通达，降低城市间物流、人流交易成本。通过快速交通网络体系建设，逐步打造城际住房，以此缓解其他地区到大湾区发展人才的住房压力和生活负担。支持民生共享方面,推动大湾区公共服务共享,积极推动符合条件的内地优秀人士享受与大湾区居民同等的待遇和生活条件。

7.8.2 鼓励九市的青年大学生在校时启动创新创业项目

2015 年的《政府工作报告》中指出,"推动大众创业、万众创新"。创业不但可以缓解就业难的问题,还可以调整整个社会的职业体系,使职业的体系呈现多元化。"大众创业、万众创新"已深入民心,各地进行了对创新创业教育如何植入高校教育的探索,并针对各专业结合创新创业教育前景问题进行了实践与思考。

有学者在"双一流"建设的视角下审视了以往创新创业教育的成效以及存在的问题,认为创新创业教育过于笼统,只针对专业知识而忽略了社会实验的重要性,也缺少一些可以让学生身临其境的案例教学。"双一流"高校实为高校的标杆,但除了关注"双一流"高校,仍需关注"双一流"学科,应针对一流高校和一流学科进行建设。

广东省坐拥中山大学、华南理工大学、暨南大学等教育部直属高校;香港特区则有香港大学、香港中文大学等国际知名院校;澳门特区也有澳门大学、澳门科技大学等国际一流高校。粤港澳大湾区无疑是一流高等院校集群地带,大湾区要想建立一个金融科技大湾区,就要抓住这些高校的标杆作用进行创新创业教育建设,不仅如此还应切合一些一流的学科,尽管有些高校并没有达到"双一流"院校的标准,但是拥有一些拔尖学科,例如,广东财经大学和广东金融学院的金融学专业,也应被列入重点建设的计划当中。

根据《就业蓝皮书:2019 年中国本科生就业报告》统计,2018 届毕业生就业率达 91.5%,连续五年持续下滑,其中"自主创业"的比例仅为 1.8%,疫情影响下,大学生的薪资增速在放缓,2020~2021 届本科生毕业半年后月收入起薪平均涨幅为 4%,低于疫情前的 2018~2019 届起薪平均涨幅7%。《关于建设大众创业万众创新示范基地的实施意见》明确指出，要以促进创新型初创企业发展为抓手，以构建创新创业支撑平台为载体，分类推进创新创业示范基地建设；高校启动创新创业项目可以缓解毕业生就业的拥挤程度，高校应成为一个有力的创新创业支撑平台。高校创新创业教育应该鼓励大学生在校期间开始创新创业项目，要达成这个目标高校应该将其大学生理想信念教育与创新创业教育相融合，包括教育目标相融合、教育对象相融合、教育内容相融合等；教育者应该本着能实际创业的目标教学，要求教学内容应该具备更高的实操性，在理念性的教学内容中应该嵌入更多实践的经验，创新创业教育可以结合"挑战杯"以及创新创业比赛等竞赛，从而完善大学生脑海中的创业步骤，高校创新创业教育的对象是全体大学生，没有歧视，理应做到有教无类，同时还应更加人性化，不能一概而论、同质化，应该尊重学生的个性发展，创新创业在发达国家经过长期发展，形成了一套成熟的个性化人才培养计划，其中的核心就是学生的个性化发展，针对我国的现状，简而言之，就是要关注学生的内心所想，引导学生找到自己热爱的道路，再给予专业化的指导，促进其在就业道路上的通畅。

高校创新创业教育要落实到实践，促进大学生在校即可创业，成为创业一捧沃土，要实现此目标，应有更多的创业激励政策与创业保障制度，随着大湾区上升到了国家发展战略，身处大湾区的珠三角九市应抓住时代进步的风口，一处地方想得到长足的进步，教育是核心竞争力，前面已提及2019年之后政府不断推出各种税收优惠政策与生活补贴，不断提高创业者的身份地位，给予创业者动力，把诸如此类的优惠政策称为动力，那么创业的保障制度应被视为创业的强心剂，创业在人们的眼里一度沦为败家的行为，是一个需要耗费巨资且成功率不高的"热血"行为，成功率不高的原因是对创业不了解和社会对创业不够宽容，高校创新创业深入的教育让大学生创业清晰自己的道路，还应该让大学生尽早开始创业之路，虽然创业并不一定会成功，但创业道路上确实会有不断试错的过程。

7.8.3   将青年大学生列入创新创业重点群体人员加以扶持

根据调查问卷（附录 1 第 14、第 16 题）统计结果，青年大学生在创新创业中主要面临方向不明确、启动资金不足等；对创业各个环节相关法律规定不清晰的环节主要有创业融资、知识产权管理以及纠纷的解决等。对此，大湾区各市可以依托创业孵化基地等双创载体，通过教育培训、实战演练等方式来提升青年大学生创业就业能力，加强对创业管理的认识，学会自主解决纠纷，引导他们走正确的创新创业方向。同时，不断优化创新创业创造生态，创新创业融资渠道更加多元化，改善创新创业政策"碎片化"和"同质化"状况，逐渐消除科技成果转化激励等重要政策落地难、见效慢现象，放宽对重点群体的创业限制门槛，激发市场活力和社会创造力，让青年大学生感受到来自社会的肯定和创业的认同感。

附录

附录1：粤港澳大湾区青年大学生创新创业法律环境调查问卷统计情况

第1题 您在读/毕业高校（本部）的所在地是？［单选题］

选项	小计（人次）	比例（%）	
A. 深圳、广州	1016		48.89
B. 佛山、东莞、中山、珠海、江门、肇庆、惠州	558		26.85
C. 香港、澳门特别行政区	37		1.78
D. 粤港澳大湾区之外的城市	467		22.47
本题有效填写人次	2078		

第2题 您专业所属的学科类别是？［单选题］

选项	小计（人次）	比例（%）	
A. 哲学、经济学、法学、管理学	658		31.67
B. 教育学、文学、历史学、艺术学	475		22.86
C. 理学、工学	675		32.48
D. 农学、军事学、医学	270		12.99
本题有效填写人次	2078		

第 3 题　您知道粤港澳大湾区的战略定位吗?［多选题］

选项	小计（人次）	比例（%）	
A. 充满活力的世界级城市群	1365		65.69
B. 具有全球影响力的国际科技创新中心	1759		84.65
C. "一带一路"建设的重要支撑	1531		73.68
D. 内地与港澳深度合作示范区	1621		78.01
E. 宜居宜业宜游的优质生活圈	1160		55.82
本题有效填写人次	2078		

第 4 题　如您有在粤港澳大湾区创业的意愿，您计划在哪个（些）城市创业?［多选题］

选项（地区）	小计（人次）	比例（%）	
A. 香港	120		5.77
B. 澳门	144		6.93
C. 深圳	1400		67.37
D. 广州	1342		64.58
E. 珠海	804		38.69
F. 惠州	278		13.38
G. 江门	98		4.72
H. 东莞	594		28.59
I. 佛山	301		14.49
J. 肇庆	337		16.22
K. 中山	238		11.45
本题有效填写人次	2078		

第 5 题　如您有创业的意愿，您计划创业的行业领域是？［多选题］

选项	小计（人次）	比例（%）	
A. 商贸金融及交通物流行业	639		30.75
B. 餐饮旅游娱乐服务行业	967		46.54
C. 教育、新闻及法律行业	772		37.15
D. 智能设备及"互联网＋"行业	1056		50.82
E. 智能家居及建筑行业	427		20.55
F. 创新或研发行业	287		13.81
G. 医疗及社会保障业	148		7.12
H. 环境生态行业	285		13.72
本题有效填写人次	2078		

第 6 题　您知道下列粤港澳大湾区的青年创新创业基地吗？［多选题］

选项	小计（人次）	比例（%）	
A. 深港青年创新创业基地	617		29.69
B. 前海深港青年梦工场	250		12.03
C. 南沙粤港澳（国际）青年创新工场	323		15.54
D. 中山粤港澳青年创新创业合作平台	232		11.16
E. 东莞松山湖（生态园）港澳青年创新创业基地	419		20.16
F. 惠州仲恺港澳青年创业基地	105		5.05
G. 都不知道	756		36.38
本题有效填写人次	2078		

第 7 题　您所在的学校是否开设了创新创业法律方面的专业课程或举办了相关活动？［单选题］

选项	小计（人次）	比例（%）	
A. 有	617		29.69
B. 没有	285		13.72
C. 偶尔有相关的讲座	1176		56.59
本题有效填写人次	2078		

第 8 题　如果您的学校设置了创新创业法律方面的专业课程，课程中是否有针对粤港澳大湾区的背景提供相应的指导？［单选题］

选项	小计（人次）	比例（%）	
A. 有，很重视	168		8.08
B. 有，但甚少	454		21.85
C. 未设置这方面的课程	1456		70.07
本题有效填写人次	2078		

第 9 题　您对创业扶持的法规政策的了解渠道有哪些？［多选题］

选项	小计（人次）	比例（%）	
A. 传统媒体：报纸、广播、电视、杂志等	222		10.68
B. 手机媒体：手机电视、手机报纸、手机期刊、手机图书	757		36.43
C. 搜索引擎、网络报纸、网络图书、网络期刊、博客	906		43.6
D. 各类网站：门户网站、新闻网站、视频网站、社交网站、网络社区、网络论坛	1275		61.36

续表

选项	小计（人次）	比例（%）
E. 学校的课程、讲座、宣传栏	343	16.51
本题有效填写人次	2078	

第10题　您知道粤港澳大湾区创新创业相关的政策法规有哪些吗？[多选题]

选项	小计（人次）	比例（%）
A. 《中华人民共和国科学技术进步法》	169	8.13
B. 《粤港澳大湾区发展规划纲要》	520	25.02
C. 《深化粤港澳合作　推进大湾区建设框架协议》	356	17.13
D. 《深圳经济特区创业投资条例》	156	7.51
E. 《青年创业援助计划》	274	13.19
F. 《关于加强港澳青年创新创业基地建设的实施方案》	181	8.71
G. 都不知道	1312	63.14
本题有效填写人次	2078	

第11题　如果您计划在粤港澳大湾区进行创新活动，您最希望获得哪些方面的支持？[多选题]

选项	小计（人次）	比例（%）
A. 融资渠道的拓展	1354	65.16
B. 科技企业孵化器帮助科技成果转化	1111	53.46
C. 科研数据在大湾区内共享	722	34.74
D. 知识产权相关的法律服务	628	30.22

续表

选项	小计（人次）	比例（%）
E. 开展知识产权交易	416	20.02
本题有效填写人次	2078	

第 12 题　您的学校是否进行过专业的创新实践活动指导？[单选题]

选项	小计（人次）	比例（%）
A. 有过	1284	61.79
B. 记不清了	412	19.83
C. 不知道	231	11.12
D. 没有	151	7.27
本题有效填写人次	2078	

第 13 题　您更希望通过什么途径来提升自己的创新意识和创业能力？[多选题]

选项	小计（人次）	比例（%）
A. 利用当地创业补贴扶持创办中小微企业	479	23.05
B. 参加各种粤港澳实习计划和就业项目	1206	58.04
C. 咨询跨国跨地区的创新创业交流中心	774	37.25
D. 参加各种粤港澳合作会议和培训班	625	30.08
本题有效填写人次	2078	

第 14 题　您认为青年大学生在创新创业中主要面临哪些问题？［多选题］

选项	小计（人次）	比例（%）	
A. 创新创业方向不明确	1388		66.79
B. 启动资金不足	1100		52.94
C. 创业团队的组建难	475		22.86
D. 对法律制度不了解	312		15.01
E. 市场对创新技术的接受程度低	527		25.36
本题有效填写人次	2078		

第 15 题　您认为在创业过程中，哪些环节会涉及知识产权法律问题？［多选题］

选项	小计（人次）	比例（%）	
A. 商标注册	1422		68.43
B. 专利申请	1083		52.12
C. 质押融资	432		20.79
D. 侵权纠纷	773		37.20
E. 不正当竞争	244		11.74
本题有效填写人次	2078		

第 16 题　您对创业各个环节相关法律规定的了解，下列哪个环节最不清晰？［多选题］

选项	小计（人次）	比例（%）	
A. 创业组织的注册与登记	422		20.31
B. 创业融资	1266		60.92

续表

选项	小计（人次）	比例（%）	
C. 创业经营管理	377		18. 14
D. 创业知识产权管理	1019		49. 04
E. 创业纠纷的解决	745		35. 85
本题有效填写人次	2078		

第17题　假设您选择了自主创业，您认为会遇到哪些法律方面的问题？［多选题］

选项	小计（人次）	比例（%）	
A. 当地不承认自己的专业技术资格	422		20. 31
B. 当地政策不保护自己的身份资格	944		45. 43
C. 知识产权得不到有效保护	1343		64. 63
D. 雇员社会保险金的缴纳与人身损害赔偿不能得到有效保障	402		19. 35
E. 违约现象严重得不到救济	568		27. 33
本题有效填写人次	2078		

第18题　如果您在创业过程中遇到了上述法律方面的问题，您会选择哪种方式解决？［多选题］

选项	小计（人次）	比例（%）	
A. 自己自行协商解决	687		33. 06
B. 向学校寻求帮助	391		18. 82
C. 求助父母亲戚朋友	839		40. 38
D. 寻求律师的帮助	1448		69. 68
E. 逃避责任，放弃创业	95		4. 57
本题有效填写人次	2078		

第 19 题　如果您没有选择将遇到的问题诉诸法律手段解决，您认为是哪些原因影响着您的决定？［多选题］

选项	小计（人次）	比例（%）
A. 费用过高	1102	53. 03
B. 耗时太久，效率不高	1549	74. 54
C. 法律意识欠缺，没有想到运用法律维权	222	10. 68
D. 过于麻烦，想简单了事	667	32. 10
本题有效填写人次	2078	

第 20 题　为了成功地自主创业，顺利解决所遇到的法律问题，您认为社会各界应有哪些扶持？［多选题］

选项	小计（人次）	比例（%）
A. 加强和完善相关的法律法规，做到有法可依，依法办事	933	44. 90
B. 国家政府完善创业环境，提供创业机会，建立健全系统的诚信工程	1322	63. 62
C. 社会各企事业单位积极配合、鼓励创业，并加强与大学生的合作	1091	52. 50
D. 学校建立统一完善的自主创业管理模式，增强学生的法律意识	597	28. 73
本题有效填写人次	2078	

附　录　2

表 A2 - 1　　　　　　　　　　**珠三角九市创业基地政策解读**

城市	分类	政策解读
广州	资金支持	1. 设立总规模 10 亿元覆盖创业各阶段的港澳青年创业基金，重点投资各类优质港澳青年创业项目。 2. 对在广州落户的港澳初创项目给予最高 20 万元奖励和补贴。 3. 合伙经营或创办小企业的可按每人最高 30 万元、贷款总额最高 300 万元实行"捆绑性"贷款。 4. 符合条件的劳动密集型和科技型小微企业，贷款额度最高为 500 万元。 5. 穗港合作研发项目资助最高可达 450 万元人民币。 6. 对港澳人士或企业的股份或出资额占比要求由原来的 50% 改为 30%（含）
	人才发展	1. 对在广州工作的境外高端人才和紧缺人才，其在广州市缴纳的个人所得税已缴税额超过其按应纳税所得额的 15% 计算的税额部分，给予财政补贴。该补贴免征个人所得税。 2. 每年择优扶持一批港澳青年创新人才，对其项目提供 10 万 ~ 50 万元资助及配套支持。对港澳青年创业项目，提供与户籍人口同等的创业担保贷款及贴息支持。 3. 每年择优扶持创新人才，对其项目提供 10 万 ~ 50 万资助及配套支持。 4. 鼓励符合条件的港澳青年申领广州人才绿卡，享受购房、购车、子女入学、医疗卫生等市民待遇
	公共服务	1. "乐居广州"行动计划将筹建 1000 套港澳人才公寓或租金补贴，鼓励符合条件的港澳青年申请租住，并为未享受任何住房政策的港澳青年发放租金补贴。对符合购房条件的港澳青年，支持其购买商品住房或共有产权房。 2. "乐创广州"计划为入驻基地的港澳青年初创企业提供免费注册地址、办公场地费用"半年全免、一年减半"优惠以及配套服务。 3. 举办高水平创新创业活动，积极发挥创业大赛引导作用，提升"青创杯""赢在广州""创客中国"赛事水平，策划举办粤港澳青年创新创业大赛和青年创新成果广州交流会，开展论坛交流、项目对接、人才引进等活动，对参赛获奖的港澳青年初创项目，落户广州的给予最高 20 万元奖励和补贴。 4. 完善取消港澳居民来穗就业许可制度配套制度，鼓励符合条件的港澳青年申请各类国家职业资格，推动港澳专业人才在穗便利执业，在穗就业的港澳青年同等享受各类就业补贴。

续表

城市	分类	政策解读
广州	公共服务	5. 广州已认可港澳16个工种的职业资格，在注册建筑师、房地产估价师等6项建筑领域职业资格与香港互认。 6. 针对港澳居民，税务部门调优简化了港澳居民个人所得税远程办税端实名注册方式，便利港澳居民线上办理涉税业务，实现办税零跑动。 7. 搭建高效便利服务平台提供社会化专业化服务：加快数字政府建设，创新"互联网＋政务服务"模式，提高行政服务效率。在各级政府网站开设专栏，统一发布支持港澳青年发展有关政策；在各级政务服务中心设立港澳服务窗口，提供绿色通道服务；各级各部门指定专人负责政策发布及跟踪服务；提升12345市长热线、12355青少年热线服务港澳青年的专业能力。 8. 成立广州市港澳青年创业就业服务中心，实行政府支持、社会化运作，聘请由港澳籍人士担任的咨询顾问和联络官，建设"一网（青创中心网）一站（青年工作站）一号（微信公众号）"，支持港澳青年社团在广州设立代表处，为港澳青年创业就业提供一站式专业化服务。 9. 发起设立港澳青年发展红棉公益基金会，募集社会资金支持交流实习、学习研修、创业就业等方面的公益活动。支持大湾区青年家园建设，整合社会专业力量，提供法律咨询、社会融入、公益志愿等服务
东莞	资金支持	1. 符合相应条件开展的创新创业培训，每家企业每年可获最高10万元的培训补贴。 2. 经申请、获批后，参加国内外知名行业展会的企业，给予参展经费50%，每家企业每年可获最高10万元的参展补贴。 3. 港澳人才创新创业企业自在园区注册成立之日起，3年内达到"四上"企业标准，给予每家企业20万元的一次性高成长性奖励。 4. 对获得金融机构贷款的港澳人才创新创业项目，按照企业实际支付利息的70%进行核定，给予贷款利息补贴，每家企业每年补贴利息最高50万元，补贴期限不超过两年。 5. 港澳人才创新创业企业3年内完成入园协议承诺指标的，根据完成效果，分别给予30万元、20万元、10万元的一次性发展成效奖励。 6. 依照相关规定，在全面执行国家研发费用税前加计扣除75%政策基础上，对港澳人才创新创业企业按25%研发费用税前加计扣除标准给予奖励。 7. 港澳创新创业企业每接收1名在本企业实习的港澳籍在校生，按实际实习时间给予实习补贴。其中，给予港澳副学士（包括香港专业教育与澳门高等专科院校）及高中学习的实习生每人每日100元的实习补贴；本科生（包括学士课程学生）每人每日200元的实习补贴；给予硕士研究生每人每月300元的实习补贴；给予博士研究生每人每日500元的实习补贴
	人才发展	1. 对在东莞市工作的境外高端人才和紧缺人才，缴纳的个人所得税已缴税额超过其按应纳税所得额的15%计算的税额部分，给予财政补贴，该补贴免征个人所得税。 2. 对港澳籍人才，按学历程度或公司内管理层级，分别发放1万元、1.5万元、3万元的新引进人才就业补贴。 3. 对符合条件的入驻基地港澳人才创新创业项目，给予一次性10万～20万元的企业落户奖励。 4. 港澳籍人才、港澳高校在籍就读的内地学生（本科生和研究生，以下同）参加国家省市（不含港澳台地区）举办的创新创业比赛，参赛获奖项目在基地注册成立企业的，每个获奖项目配套奖励总额最高为50万元。 5. 符合条件的港澳人才子女，享受园区户籍人口子女同等入学待遇

城市	分类	政策解读
东莞	公共服务	1. 按实际工作时间，给予每人每月 1000 元的跨境交通补贴。 2. 在试生产、维权活动、商标注册、著作权登记、企业上市、交流及人才服务方面，入驻企业和服务团队均可享不同程度的现金补贴。 3. 在东莞租赁住房的，每人可享受 2 年内月租金总额不超过 1800 元的房租补贴；符合条件者还可获一次性 5 万元/人的安家补贴
惠州	资金支持	1. 引入优质社会资本，设立支持港澳青年创业并覆盖创业全阶段的母基金和配套子基金，使更多资金专项投资于港澳青年初创期、早中期项目。 2. 入驻基地的港澳青年企业，自签订入驻协议当月起，以实报实销的方式给予不超过 3 人（含）的交通补贴，每家企业每月不超过 3000 元，补贴期限不超过 1 年。 3. 入驻基地的港澳青年企业，参加市级以上国内外知名行业或政府组织的专题展览会，可申请展会补贴（同一参展项目只能申请一次）。其中，内地展会标装补助 5000 元，特装补助 2 万元；港澳台地区展会、国外展会标装补助 1 万元，特装补助 3 万元。每家企业每年申请的展会补贴累计不超过 5 万元。 4. 来惠创业的港澳青年可与本市青年同等享受各项就业创业扶持政策。给予优秀创业项目资助。将港澳的优惠政策措施覆盖至在惠创业的港澳青年。 5. 对于成功推荐引进港澳青年创业企业入驻基地的社会团体、企业等机构给予奖励，每引进 1 家注册地在仲恺高新区且经营满 1 年的港澳青年企业，给予推荐机构 1 万元奖励，1 年内对同一推荐机构的奖励额度不超过 10 万元。 6. 入驻基地的港澳青年企业，获得金融机构贷款并用于经评审通过的项目，按其实际支付利息的 50% 给予贷款利息补贴，每个企业每年只能申请一个项目的贷款贴息且贴息总额不超过 20 万元。 7. 入驻基地的港澳青年企业，获得国家级创新创业一、二、三等奖奖励的，分别给予 20 万、15 万、10 万元奖励；获得广东省级创新创业一、二、三等奖的，分别给予 10 万、8 万、5 万元奖励；获得惠州市级、仲恺高新区级创新创业一、二、三等奖奖励的，分别给予 5 万、3 万、1 万元奖励。企业同一项目参赛按获奖最高级别奖励，不再重复奖励。 8. 港澳青年企业入驻基地正常运营满 6 个月后，经评审通过的项目，根据项目评审得分情况给予 5 万 ~ 20 万元的创业资金资助
	人才发展	1. 对在惠州市工作的境外高端人才和紧缺人才，缴纳的个人所得税已缴税额超过其按应纳税所得额的 15% 计算的税额部分，给予财政补贴，该补贴免征个人所得税。 2. 支持符合条件的港澳青年低租金入住人才住房；对具备购房能力及符合购房条件的港澳青年，支持其在惠州市购买商品住房。 3. 入驻基地的港澳青年企业，根据项目评审得分情况，优先考虑安排企业员工入住人才公寓，支持间数为 1 ~ 3 间。如未能安排入住人才公寓的，给予 2 年内不超过 3 人（含）的住房租金补贴，补贴标准为每人 800 元/月
	公共服务	1. 绿色通道服务。在区行政服务中心设立港澳服务专窗，由区社会事务局委派专人为港澳青年免费提供政策咨询、权益保障、信息对接、创业辅导、人才招聘、企业开办和日常运营商事代办等服务。

城市	分类	政策解读
惠州	公共服务	2. 在CEPA①框架下推进粤港澳职业资格互认。实行双创政策信息集中发布和政务服务通办制度。 3. 为惠港澳青年提供法律维权、心理辅导、出入境事宜、生活信息等咨询服务。 4. 支持惠港澳三地青年参加广东"众创杯"创业创新大赛、"互联网+"大学生创业创新大赛、"创客广东"创新创业大赛、"创青春"广东青年创新创业大赛
深圳	资金支持	1. 将在深创业的港澳居民作为创业担保贷款政策重点扶持对象，免予提供任何形式反担保，符合条件的可享受最高60万元的个人创业担保贷款及贴息；港澳创业者创办的小微企业，吸纳就业符合规定条件的，可申请最高不超过500万元的小微企业创业担保贷款及贴息。 2. 将法定劳动年龄内的港澳居民纳入深圳自主创业人员范围。符合条件的可以享受各项创业补贴，其中一次性初创企业补贴标准为1万元，合伙创业的最高不超过10万元；社保补贴和场租补贴可享受最长3年；创业带动就业补贴总额最高3万元。 3. 鼓励用人单位积极参与深圳市政府部门组织的各类港澳台青年实习计划，每接收1名港澳台青年参加实习的，按每人每月1000元标准给予企业实习补助。 4. 港澳青年参加"逐梦杯"大学生创新创业大赛，最高可获得50万元优秀创业项目资助
	人才发展	对在深圳工作的境外高端人才和紧缺人才，按内地与香港个人所得税税负差额给予补贴，该补贴免征个人所得税
	公共服务	1. 支持港澳各界组织港澳青年来深圳交流学习，鼓励高校联合港澳机构开展各类创业创新交流活动，定期举办粤港澳青年交流活动，组织实施港澳青年走进深圳高新技术企业、湾区青年人才国情研修班、深港青年创新创业交流日等交流合作项目。 2. 鼓励港澳青年参加深圳"逐梦杯"大学生创新创业大赛、珠三角项目推介会，持续举办前海粤港澳台青年创新创业大赛、粤港澳青年创客营全国双创活动周前海站。配套举办创业沙龙、创业大讲堂、创业训练营等活动。 3. 符合条件的在深创业就业港澳青年可申请租购人才住房。参照深圳市新引进人才政策租房和生活补贴的标准，研究制定对符合条件的新来深创业就业港澳青年发放租房和生活补贴的优惠政策。来深创业就业港澳青年在缴存、提取住房公积金等方面享受市民同等待遇。 4. 在CEPA框架下探索在基地放宽部分领域港澳企业投资准入门槛，实现"证照分离"改革。推广应用电子营业执照。推行开办企业"一窗通"，将企业设立登记、公章刻制、银行开户预约、社保参保登记等涉企事项全部归集到"一窗通"平台。

① CEPA是指《内地与香港关于建立更紧密经贸关系的安排》（Mainland and Hong Kong Closer Economic Partnership Arrangement）及《内地与澳门关于建立更紧密经贸关系的安排》（Mainland and Macao Closer Economic Partnership Arrangement），是中华人民共和国商务部与香港特别行政区财政司及澳门特别行政区经济财政司先后于2003年6月29日及10月18日签订的特别政策。

续表

城市	分类	政策解读
深圳	公共服务	5. 推广"深港通注册易""深澳通注册易"服务机制，试点自然人有限公司设立"秒批"，压缩开办企业环节和时间。丰富"12355"青少年热线港澳青年服务内容，拓宽双创政策信息发布渠道。 6. 建成深圳市哈罗外籍人员子女学校、深圳市前海礼德学校，与香港共建港人子弟学校。进一步完善在深港澳籍学生接受义务教育政策，在深就读初中的港澳籍毕业生可按规定参加中考，与非深户籍初中毕业生同等条件录取
中山	资金支持	1. 根据中山市产业需求，引进掌握关键技术、市场前景好的创新创业团队，按国际领先、国内领先、省内领先三个档次，分别给予最高 3000 万元、2000 万元、1000 万元资助。 2. 对获批国家级科技企业孵化器、省级科技企业孵化器（含国家级科技企业孵化器培育单位）的运营单位分别一次性给予 100 万元、50 万元补助；对获批国家级、省级众创空间的运营单位分别一次性给予 50 万元、25 万元补助。 3. 落实鼓励创业投资发展的各项优惠政策，建立完善天使投资风险补偿制度，使更多资金专项投资于港澳青年初创期、早中期项目。 4. 落实创业担保贷款及贴息政策，为符合条件的港澳青年在基地创业提供贷款和贴息支持。 5. 在中山创新创业的港澳青年同等享受创业培训补贴、一次性创业资助、创业带动就业补贴、租金补贴、创业孵化补贴、初创企业经营者素质提升、优秀创业项目资助、中小微企业扶持、高新科技企业扶持等创业创新政策。 6. 支持中山市企业在国内外设立研发中心、分支机构、孵化载体，就地吸引使用人才智力资源，经评审认定，给予 50 万 ~ 300 万元资助
	人才发展	1. 对符合享受第 1~8 层次人才待遇的，可按标准分三年享受 10 万 ~ 200 万元的购房补助和每月 600 ~ 5000 元的市政府特殊津贴。 2. 对在中山市工作的境外高端人才和紧缺人才，缴纳的个人所得税已缴税额超过其按应纳税所得额的 15% 计算的税额部分，给予财政补贴，该补贴免征个人所得税。 3. 对科技创新领军人才、高端经营管理人才、金融人才和青年拔尖人才，根据规定的准入条件直接认定资助对象，按实际年工资薪金收入 1∶1 比例提供生活补贴，每人每年最高不超过 100 万元，享受期为 3 年。 4. 对中山市紧缺的高层次人才实行柔性引进，每年在我市企事业单位连续或者累计工作 1 个月以上的八类人才，经专家评审后，最高可获 30 万元补贴。 5. 满足港澳青年多层次住房需求。支持符合条件的港澳青年租住人才住房、入住人才驿站；有条件的镇区可提供租房补贴
	公共服务	1. 建立翠亨新区海外孵化器（人才、技术引进基地），优化留学报国基地、海归创业学院、中瑞（欧）技术中心、粤港澳台青年创新创业基地等聚才平台，吸引海内外优秀人才前来创新创业。 2. 在 CEPA 框架下推进粤港澳职业资格互认，探索进一步拓展港澳专业人士在孵化平台载体的执业空间。在各孵化平台载体设立"港澳青年人才一站式服务窗口"，为港澳青年人才提供个性化、定制化、精细化专业服务。 3. 在 CEPA 框架下探索在基地放宽部分领域港澳企业投资准入门槛，实现"证照分离"改革，推广应用电子营业执照，推行商事登记银政直通车服务，实施办税便利化措施，压缩开办企业环节和时间。

城市	分类	政策解读
中山	公共服务	4. 支持在珠澳口岸、中山港口岸开通无缝快速接驳创新创业基地的交通运输渠道。引进港澳教育、医疗和社区服务机构，打造集生活居住、教育医疗、文化娱乐于一体的综合性社区。 5. 开展粤港澳三地青年交流行动，组织实施"粤港暑期实习计划""粤澳暑期实习计划""澳门青年湾区实习计划""青年同心圆计划"等粤港澳青少年交流合作项目。 6. 搭建双创资源对接平台。发挥创业大赛引导作用，鼓励在中山学习、就业、创业的港澳青年积极参与"众创杯"等创新创业大赛
佛山	资金支持	1. 高校毕业生基层岗位补贴。毕业 5 年内的高校毕业生到乡镇（街道）、村居社区管理和公共服务岗位就业，含参加政府部门组织的服务基层项目（机关事业单位编内人员除外），从事社会管理和公共服务工作，签订 1 年以上期限劳动合同或服务协议，并按规定缴纳社会保险费，可申请高校毕业生基层岗位补贴。补贴标准：每人每月按不低于 200 元，不高于当地最低工资标准的 50% 给予补贴；补贴期限：最长不超过 3 年。 2. 基层就业补贴。就业时属毕业两年内高校毕业生到中小微企业、个体工商户、社会组织等就业，或到乡镇（街道）、村居社会管理和公共服务岗位就业（含参加政府部门组织的服务基层项目，机关事业单位编内人员除外），签订 1 年以上期限劳动合同（或服务协议）并参加社会保险 6 个月以上的，可申请基层就业补贴。补贴标准 3000 元/人。 3. 自主创业社保补贴。毕业 5 年内高校毕业生自主创业（劳务派遣单位除外），本人及其招收的应届高校毕业生（包括毕业学年高校毕业生及按发证时间计算，获得毕业证书起 12 个月以内的高校毕业生），签订 1 年以上期限劳动合同并按规定缴纳社会保险费的，按其为毕业 5 年内高校毕业生本人及其招收的应届高校毕业生实际缴纳的社会保险费给予补贴。每月按用人单位为本人及招收的应届高校毕业生实际缴纳的基本养老保险费、基本医疗保险费、失业保险费、工伤保险费、生育保险费给予社会保险补贴（不包括个人部分）。最长不超过 3 年，用人单位（或补贴对象）应按季度（或半年）向所在地人力资源社会保障部门申请对上季度（或半年）的补贴。首次补贴申请应于签订劳动合同起 1 年内提出。 4. 创业带动就业补贴。创业者在法定劳动年龄内创办初创企业（所有股东均为法人股东、劳务派遣企业除外）吸纳就业并按规定为吸纳就业人员签订 1 年以上期限劳动合同、办理就业登记及缴纳社保费满 6 个月及以上且申请补贴时仍在本企业就业的。招用 3 人（含 3 人）以下的按每人 2000 元给予补贴；招用 4 人以上的每增加 1 人给予 3000 元补贴，总额最高不超过 3 万元。 5. 创业担保贷款。（1）个人创业担保贷款，最大额度 50 万元；（2）个人"捆绑性"贷款，个人最大额度 30 万元且总和不超过 300 万元；（3）小微企业贷款，最大额度不超过 500 万元。每次贷款的期限，最长不超过 3 年。 6. 创业担保贷款担保贴息。创业担保贷款利息，市场贷款利率在 LPR 利率基础上减去 150 个基点以下部分，由借款人和借款企业承担，剩余部分财政给予贴息，每次贴息期限最长不超过 3 年。对还款积极、带动就业能力强、创业项目好且属于重点扶持对象或小微企业借款人，可继续提供创业担保贷款贴息，累计次数不得超过 3 次。 7. 创业租金补贴。对符合条件的申请人，按实际累计缴纳租金的金额进行补贴，每年最高补贴 6000 元，补贴期限累计不超过 3 年。

续表

城市	分类	政策解读
佛山	资金支持	8. 一次性创业资助。法定劳动年龄内（即女性不超过 55 周岁、男性不超过 60 周岁）的以上人员成功创办初创企业（指在我省登记注册 3 年内的小微企业、个体工商户、民办非企业单位和农民专业合作社、家庭农场等），申请资助时未被市场监管部门列入企业信用信息系统"经营异常名录"或注销，且正常经营 6 个月以上，即符合以下条件之一：（1）当前纳税状态正常；（2）有一名以上在职员工连续 3 个月正常缴纳社会保险费。补贴 10000 元。一条至八条所补贴政策均需登录佛山扶持通（https：//fsfczj.foshan.gov.cn）进行网上申请。 9. 提供科技创新类资助省级孵化器优惠政策，对新认定的国家级科技企业孵化器和国家级科技企业孵化器培育单位（省级孵化器），分别给予资助 200 万元和 100 万元。上述科技创新类补贴政策均可登录佛山扶持通（https：//fsfczj.foshan.gov.cn）进行网上申请。 10. 建立多层次融资支持体系。落实市、区相关部门鼓励创业投资发展的各项优惠政策，发挥佛山市创新创业产业引导基金等政府性基金的引导作用，促使更多资金投向港澳青年初创期、早中期项目。 11. 加大平台载体建设资源投入。鼓励现有的各类创业孵化基地、科技企业孵化器、众创空间等开辟拓展专门面向港澳青年的创业创新空间。为入孵项目提供经营办公空间、孵化器、加速器、公共实验室和研发、中试生产、产品检测中心等共享设施
	人才发展	1. 税收补贴类。在佛山市行政区域范围内工作的境外高端人才和紧缺人才，其在佛山市缴纳的个人所得税已缴税额超过其按应纳税所得额的 15% 计算的税额部分，给予财政补贴，该补贴免征个人所得税。 2. 新引进港澳台人才补贴。全职新引进的领军人才，给予 400 万元（国家级）、300 万元（省级）、200 万元（地方级）的安家补贴；对于世界领先的战略科学家，采取一事一议，特事特办，安家补贴上不封顶；全职新引进博士每人给予 20 万元安家补贴，全职新引进博士后每人给予 30 万元安家补贴，对取得国（境）外学历学位的全职新引进博士和博士后再给予 10 万元生活补贴；对未经我市党委、政府人才部门办理人才引进手续，但带高新技术研发成果、专利技术等自主知识产权的项目新来我市成功创办企业的港澳博士、博士后，个人实缴出资额不少于 20 万元人民币，符合佛山市重点产业规划布局，注册的企业具有独立法人资格且以佛山为主要纳税地，视同全职新引进，可享受上述博士、博士后人才扶持补贴。人才引进时间须为 2017 年后，上述补贴可登录佛山人才网（https：//www.fsrlzy.cn/）进行网上申请。 3. 港澳青年租房补贴。支持符合条件的港澳青年租住人才住房，按规定提供租房补贴。探索多种方式，对具备购房能力及符合购房条件的港澳青年，支持其购买商品住房。对入驻创业基地中符合条件的港澳青年纳入公租房保障范畴
	公共服务	1. 完善社会保障领域制度建设，推动港澳居民在医疗、养老等民生方面享有与佛山居民同等待遇。推进社会保障合作。推动进一步完善在佛山就业港澳人员及其子女参加社会保险有关政策。加强"12355"港澳青年热线建设，为港澳青年提供法律维权、心理辅导、就业指导、创业帮扶、出入境事宜、生活信息等咨询服务。 2. 组织实施粤港澳高校毕业生暑期来佛山实习计划，定期举办香港·佛山节、粤港澳青年交流周、粤港澳青年人才交流会等交流合作活动。 3. 完善创业创新成果转移转化体系，深入推进产学研合作，深化高校、科研院所与基地创业创新资源共享。吸引粤港澳青年共同开展基础研究、应用基础研究和关键核心技术攻关。

城市	分类	政策解读
佛山	公共服务	4. 配备专业运营管理团队，健全服务管理制度，整合创业导师团队、专业化服务机构、创业投（融）资机构等各类创业资源，为入孵项目提供政策、管理、法律、财务、融资、市场推广和培训等方面的服务。 5. 支持有条件的深港口岸、珠澳口岸开通无缝快速接驳创业孵化基地的交通运输渠道。 6. 基本养老保险延缴政策。对在佛山市参加企业职工基本养老保险的港澳台居民达到法定退休年龄时缴费不足 15 年，按照有关规定确定我市为待遇领取地，可延缴企业职工基本养老保险；延缴至男性满 65 周岁、女性满 60 周岁时缴费年限仍不足 15 年的，可一次性趸缴。鼓励用人单位为高层次人才建立企业年金，港澳台居民中符合条件的高层次人才，未曾在内地（大陆）参加职工基本养老保险的，允许用人单位使用财政资金为其购买任期内商业养老保险
肇庆	资金支持	1. 在肇庆创新创业的港澳青年，按不同标准的水平层次，可享 100 万~1000 万元创业启动资金扶持；提供 100~500 平方米的工作场所，3 年内免收租金；最高 500 万元的股权投资；对团队和个人按层级给予不超过 500 万元贷款额的 1 年贴息。 2. 加大港澳项目孵化平台资金扶持力度。符合认定标准的研发机构，按实际情况给予最高 1000 万元的资助。新认定的工程技术研究中心或实验室，最高给予 200 万元奖励。通过认定的高新技术企业或产品，可获最高 40 万元的补助。 3. 对符合条件且入驻肇庆市各类孵化器、肇梦空间或在当地领取工商营业执照的创业者，可享 3 个月工位。 4. 符合条件的港澳创业青年，可享 900 元创业培训补贴、10000 元创业资助、每年最高 4000 元的租金补贴。初创企业按吸纳就业人数和所缴纳社会保险费，最高可享 30000 元补贴。 5. 在融资体系方面，对符合条件的创业者提供最高 30 万元、最长 3 年的创业担保贷款及贴息；合伙经营或创办小企业的可按每人最高 30 万元、贷款总额最高 300 万元实行"捆绑性"贷款；对符合条件的小微企业，贷款额度最高为 500 万元。设立每年额度为 500 万元的科技贷款贴息专项资金。实施"优享办公计划"，符合条件的小微企业可享减免办公租金和物管费 1~3 年
	人才发展	1. 在肇庆工作的港澳高端人才和紧缺人才，在当地缴纳的个人所得税已缴税额超过其按应纳税所得额的 15% 计算的税额部分给予财政补贴，该补贴免征个人所得税。 2. 建设双创资源对接平台。推荐港澳青年参加广东"众创杯"等各类创业创新大赛，每年举办 6 场创业沙龙、创业大讲堂、创业训练营等活动。 3. 在港澳人才安居保障方面，被界定为"西江人才计划"的人才，按不同学历水平，提供 30~135 平方米不等建筑面积的人才公寓租住补贴。 4. 对服务肇庆主导产业且承诺留肇 3 年以上的人才，按不同学历水平，给予 500~1500 元/人·月的租房补贴（发放时间 3 年），可享 2 万~10 万元的一次性购房补贴（在肇购买首套自住房）
	公共服务	1. 将入驻创新创业基地中符合条件的港澳青年纳入当地公租房保障范畴。探索发展共有产权住房，对符合相应条件的港澳青年，支持其购买共有产权住房。 2. 提升公共服务便利化水平。全面实施"一门式一网式一站式"服务模式，实现线上、线下同步。

城市	分类	政策解读
肇庆	公共服务	3. 推行商事登记银政直通车服务，实施办税便利化措施，开展"1天开办企业"服务。 4. 建立港澳青年综合服务平台，加强"12345"港澳青年热线建设，为港澳青年提供法律维权、心理辅导、就业创业指导等咨询服务。 5. 加强生活配套服务。便利港澳青年两地交通往来，配套便捷的直达公共交通服务，提供多元化的数字信息服务。 6. 参照港澳社区建设模式，有针对性地引进港澳的教育、培训、医疗和社区服务机构，打造集生活居住、教育培训、医疗救护、文化娱乐于一体的综合性社区。开展港澳青年交流行动。积极对接港澳社会团队，每年至少举办2场青年人才交流会、青年创新创业交流分享会或青年人才创新创业论坛等活动
江门	资金支持	1. 港澳青年初创企业自筹资金不足的，提供创业担保贷款及贴息，以及提供一次性创业资助、创业带动就业补贴等扶持政策。 2. 对入驻港澳青年创新创业基地的港澳项目，提供租金补贴以及工商财税代办、创业培训等服务。 3. 创新创业大赛配套奖励：对在国家级、省级的创新创业大赛中获奖，并在江门市注册成立企业且依法申报纳税（含免税）的港澳项目，最高可获配套奖励100万元。 4. 港澳在校生实习资助：按照每人每月2000元标准给予资助，资助期限最长6个月；对提供实习岗位的用人单位按照每人2000元的标准给予一次性实习资助。 5. 港澳高校毕业生面试补贴：按照每人500元的标准给予一次性补贴。 6. 用人单位吸纳港澳居民一次性就业补贴：每吸纳一名港澳居民给予5000元，同一用人单位享受补贴累计不超过10万元。 7. 创业失败补偿：创业失败且符合相关规定的港澳居民，可获最高5万元的补贴。 8. 允许香港、澳门符合条件的高校、科研机构申请我市科研项目，并按规定在内地及港澳使用相关资金
	人才发展	1. 对在江门市工作的境外高端人才和紧缺人才，缴纳的个人所得税已缴税额超过其按应纳税所得额的15%计算的税额部分，给予财政补贴，该补贴免征个人所得税。 2. 按照学历程度，从大专及以下至硕士研究生及以上，给予港澳居民5000～20000元的一次性就业资助。符合条件的人才类型，额外给予10000元资助。 3. 对优秀创业团队的核心带头人（港澳人员），由相关职能部门协助解决其配偶就业、子女入学问题。 4. 符合条件的港澳居民，按照学历程度，从大专及以下至硕士研究生及以上，可享800～2000元/人·月的住房补贴，补贴期限累计不超过2年
	公共服务	1. 允许港澳居民凭有效身份证件在江门市享受就业备案、缴纳社会保险、开办企业等一系列就业创业服务。 2. 聚焦重点产业发展需求，加快建设全国博士后创新（江门）示范中心，博士、博士后科研平台，为引进港澳高层次人才提供载体基础。打好"大科学装置牌"，围绕江门中微子实验站建设，着力引进港澳等国内外一流科研团队和人才。 3. 在CEPA框架下探索在基地放宽部分领域港澳企业投资准入门槛。深化商事制度改革，深入推进"证照分离""多证合一"改革，推广应用电子营业执照，推广商事登记银政直通车、港澳投资企业离岸办理服务。

城市	分类	政策解读
江门	公共服务	4. 打造集就业岗位匹配、就业素质评测、创业孵化载体和创客空间于一体的"乐业五邑"就业创业综合服务平台,为就业者提供职业指导、求职招聘、职业技能培训等"一站式"就业帮扶服务,为创业者提供市场开拓服务、创业资源对接、导师智库指导等"一站式"孵化和创业加速服务。 5. 在港澳设立港澳青年创新创业(江门)服务站,为港澳青年来江门创业提供精准服务。 6. 为平台配备专业运营管理团队,构建全链条服务体系,创新全市孵化基地管理模式,为创业团队提供政策、管理、税务、融资、法律、知识产权、市场推广和培训等服务,并建立具有可操作的评估清退机制,提高孵化效率。 7. 在全市实施商事登记法律文书境外公证制度改革,提升港澳企业登记便利化服务水平。实施办税便利化措施,进一步完善离岸智能办税。推动粤港澳专业技术人才、技能人才执业职业资格互认,配合省探索推进国家职业资格"一试多证"及先试行粤方单me承认港澳职业资格,探索进一步拓展港澳人才的执业空间。 8. 提升社保卡服务能力,面向港澳人员建立优先发卡机制,在全市推广建立社保卡"即办即取"服务网点,开通电子社会保障卡线上服务,方便办理各项社会保障卡业务。 9. 实施港澳青年内地实习计划,在重点企事业单位建立"港澳青年就业实习基地",大力开发面向港澳高校学生和在内地高校就读港澳学生的实习岗位,帮助港澳青年加强岗位实践锻炼,提升就业能力。 10. 积极发挥创业大赛引导作用,举办"乐业五邑"江门创新创业大赛港澳青年赛或承办中国创新创业大赛、"中国创翼"、广东"众创杯"等大赛的地方赛事。 11. 加强职业教育合作,积极引进港澳优质项目培训资源和优秀师资,推动江门市技工院校、培训机构与港澳相关职业院校、行业协会、商会等开展职业技能培训合作交流,探索共建职业技能联合培训和认证基地,共同培养专业人才
珠海	资金支持	1. 针对入驻的澳门青年创办的企业以第一年80%、第二年60%、第三年40%的比例对办公场地租金和物业管理费总额予以补贴。 2. 针对符合条件的科技企业,按照60元/平方米·月、100元/平方米·月两个档次对办公场地租金进行补贴,补贴时间不超过3年。 3. 符合条件的科技型企业,可获最高合计620万元的补助及配套资金。按"就高、从优、不重复原则计算"。 4. 成功上市的企业可获最高330万元的挂牌奖励。 5. 符合条件的企业可获单次最高500万元、累计最高2000万元的投资基金扶持。 6. 一年内吸纳3名以上人员就业的企业,最高可享1万元奖励。 7. 贴息的贷款额度最高为300万元,一次性担保费补贴每笔最高为5万元。 8. 港澳居民在珠创业并办理就业登记,创业者在珠港澳金融机构获得创业贷款的,可享受贴息的贷款额度最高30万元。 9. 纳入珠海市高新技术企业100强,可获20万元补助。 10. 在横琴首次设立并与横琴新区管委会签订合作协议,就运营指标作出具体承诺的创业孵化基地,给予不超过实际投入资金50%的一次性开办费用资助最高1000万元

续表

城市	分类	政策解读
珠海	人才发展	1. 对在珠海市工作的境外高端人才和紧缺人才，缴纳的个人所得税已缴税额超过其按应纳税所得额的 15% 计算的税额部分，给予财政补贴，该补贴免征个人所得税。 2. 对横琴新区的特殊人才，按做出的直接经济贡献给予 20% ~ 40% 的奖励。 3. 符合珠海市级人才规定条件的企业人才，可按类别叠加享受 40 万元、7.9 万元、4.3 万元的资助。 4. 符合条件的企业人才可按类别享受 50 万元、15 万元、6 万元和 3 万元的租房和生活补贴。 5. 鼓励本市企业赴港澳高校举办招聘活动，对企业（劳务派遣单位除外，下同）招用港澳高校应届毕业生，签订 1 年以上期限劳动合同并按规定缴纳社会保险费的，给予社会保险补贴。 6. 港澳高校应届毕业生到本市中小微企业就业，并履行劳动合同和缴纳社会保险费满 6 个月的，一次性给予 3000 元就业补贴。 7. 16 ~ 24 岁未就业港澳青年和离校 2 年内未就业的港澳高校毕业生到本市企业参加见习，与企业签订见习协议，且企业为见习人员购买人身意外商业保险的，按不低于珠海市最低工资标准给予见习人员见习补贴。 8. 每年免费举办一期澳门初创企业创始人素质能力提升培训班，培训对象为在珠澳初创企业的澳门创业者。 9. 支持澳门居民来珠参加技能培训：符合条件的，按 1000 元或 1500 元的标准每人每年可享受一次职业培训补贴，同一项目每人只能享受一次
	公共服务	1. 设有横琴澳门跨境通勤专线，方便粤澳两地居民便捷来往珠海横琴和澳门。 2. 港澳居民在珠创业的，可按规定享受创业资助、租金补贴、初创企业社会保险补贴、创业带动就业补贴等政策；符合本市人才目录的在珠创业者，可享受本市人才安居政策中实物配置、货币补贴等保障措施。 3. 支持港澳有关机构、高校与珠海市人力资源社会保障部门共同开展技能竞赛和创业大赛活动，根据技能竞赛和创业大赛的规模、内容等，对赛事给予最高 30 万元的经费支持。 4. 支持香港、澳门特别行政区相关机构或通过第三方机构组织港澳青年、大学生来珠开展就业技能实践活动。根据项目人数、内容等，给予每个项目最高 10 万元的经费支持。 5. 在横琴购房、子女义务教育、就医、缴纳提取公积金等方面可按规定享受珠海市民待遇。符合条件的企业可享社会保险补贴

资料来源：粤港澳大湾区门户网。

参 考 文 献

[1] 张玉利，李乾文，李剑力. 创业管理研究新观点综述 [J]. 外国经济与管理，2006 (5)：1-7.

[2] 蔡莉，崔启国，史琳. 创业环境研究框架 [J]. 吉林大学社会科学学报，2007 (1)：50-56.

[3] 向密密，周苟，姜峰. 英美国家大学生创业支持体系对我国大学生创业的启示 [J]. 出国与就业（就业版），2010 (13)：18-19.

[4] 曹德春. 我国内地与香港的文化差异及其信仰渊源——基于霍夫斯泰德理论的实证分析 [J]. 河南社会科学，2010，18 (6)：149-151.

[5] 公丕祥. 区域法治发展的概念意义——一种法哲学方法论上的初步分析 [J]. 南京师大学报（社会科学版），2014 (1)：57-72.

[6] 公丕祥. 还是区域法治概念好些——也与张彪博士、周叶中教授讨论 [J]. 南京师大学报（社会科学版），2016 (1)：5-24.

[7] 王明杰. 主要发达国家城市创新创业生态体系建设比较研究——以德国、美国、英国、法国为例 [J]. 行政论坛，2016，23 (2)：99-104.

[8] 叶一舟. 粤港澳大湾区协同立法机制建设刍议 [J]. 地方立法研究，2018，3 (4)：37-45.

[9] 王禹. 全面管治权理论：粤港澳大湾区法治基石 [J]. 人民论坛·学术前沿，2018 (21)：44-53.

[10] 王万里. 从域外经验看粤港澳大湾区的法治统合问题 [J]. 港澳研究，2018 (3)：45-52，94-95.

[11] 张亮，黎东铭. 粤港澳大湾区的立法保障问题 [J]. 地方立法

研究，2018，3（4）：21 - 36.

　　[12] 张淑钿. 粤港澳法律合作二十年：成就与展望 [J]. 法治社会，2018（4）：72 - 80.

　　[13] 邹平学，冯泽华. 改革开放四十年广东在粤港澳法律合作中的实践创新与历史使命 [J]. 法治社会，2018（5）：6 - 20.

　　[14] 王力. 世界一流湾区的发展经验：对推动我国大湾区建设的启示与借鉴 [J]. 银行家，2019，212（6）：94 - 98.

　　[15] 王春业，丁楠. 论粤港澳大湾区合作中法治壁垒及其消解 [J]. 天津行政学院学报，2019，21（3）：39 - 45.

　　[16] 黄金荣. 大湾区建设背景下经济特区立法变通权的行使 [J]. 法律适用，2019（21）：66 - 76.

　　[17] 杨治坤. 区域治理的基本法律规制：区域合作法 [J]. 东方法学，2019（5）：93 - 100.

　　[18] 谢宇. 中央推进粤港澳大湾区建设的法治路径——"中央权力行使指南"的提出 [J]. 法学杂志，2020，41（4）：120 - 131.

　　[19] 赵联飞. 澳门教育与发展 [J]. 广东青年研究，2020，34（1）：109.

　　[20] 王竹立. 后疫情时代，教育应如何转型？[J]. 电化教育研究，2020，41（4）：13 - 20.

　　[21] 郭天武，吕嘉淇. 粤港澳大湾区法治合作的立法路径 [J]. 地方立法研究，2020，5（4）：83 - 96.

　　[22] 陈少彤. 粤港澳大湾区港澳青年创业政策机制研究 [J]. 就业与保障，2020（18）：68 - 69.

　　[23] 麦婉华. 港澳青年大湾区就业创业"大迈步"[J]. 小康，2021（14）：20 - 25.

　　[24] 朱文博浩，李晓峰，孙波. 后疫情时代数字化促进粤港澳大湾区传统产业升级研究 [J]. 国际贸易，2021（3）：52 - 59.

　　[25] 王春业. 将清单式批量立法授权引入粤港澳大湾区法治建设

[J]. 法学杂志, 2021, 42 (7): 102 – 111, 123.

[26] 孙明霞. 中西文明交融的澳门因素与澳门特色 [J]. 北方论丛, 2021 (5): 171 – 178.

[27] 朱仁达. 开展创新性立法为粤港澳大湾区建设提供法治保障 [J]. 人民之声, 2021 (7): 13 – 15.

[28] 康全礼, 黎雨霜. 广东高校教育教学改革探究——基于近两届教育教学成果奖的实证分析 [J]. 扬州大学学报 (高教研究版), 2021, 25 (3): 26 – 34.

[29] 韩大元, 夏泉, 姚国建, 邹平学, 田飞龙, 黎沛文. 香港国安法笔谈 [J]. 暨南学报 (哲学社会科学版), 2021, 43 (2): 1 – 24.

[30] 谢伟. 港澳青年在内地创新创业的实践探索与路径优化——以广州市天河区为例 [J]. 探求. 2021 (1): 78 – 84.

[31] 郭天武, 吕嘉淇. 粤港澳大湾区法治合作的立法路径 [J]. 地方立法研究, 2020, 5 (4): 83 – 96.

[32] 叶一舟. 粤港澳大湾区协同立法机制建设刍议 [J]. 地方立法研究, 2018, 3 (4): 37 – 45.

[33] 杨治坤. 区域治理的基本法律规制: 区域合作法 [J]. 东方法学, 2019 (5): 93 – 100.

[34] 王禹. 全面管治权理论: 粤港澳大湾区法治基石 [J]. 人民论坛·学术前沿, 2018 (21): 44 – 53.

[35] 王万里. 从域外经验看粤港澳大湾区的法治统合问题 [J]. 港澳研究, 2018 (3): 45 – 52, 94 – 95.

[36] 张淑钿. 粤港澳法律合作二十年: 成就与展望 [J]. 法治社会, 2018 (4): 72 – 80.

[37] 王春业. 将清单式批量立法授权引入粤港澳大湾区法治建设 [J]. 法学杂志, 2021, 42 (7): 102 – 111, 123.

[38] 张亮, 黎东铭. 粤港澳大湾区的立法保障问题 [J]. 地方立法研究, 2018, 3 (4): 21 – 36.

［39］徐孟洲，徐阳光．税法（第四版）［M］．北京：中国人民大学出版社，2012.

［40］任永安．香港特别行政区司法制度［M］．北京：中国商务出版社，2015.

［41］高伟．创享·创青春：创时代创新创业协同育人案例集［M］．北京：九州出版社，2019.

［42］张国庆，程洪莉，王欢，毛付俊．创新创业路径揭秘［M］．北京：清华大学出版社，2019.

［43］李飞．跨越产学合作的鸿沟——创业导向的产学"协同关系"管理［M］．杭州：浙江大学出版社，2019.

［44］常廷彬．粤港澳大湾区知识产权研究报告（2017—2018）［M］．北京：知识产权出版社，2019.

［45］深圳市前海深港现代服务业合作区管理局，深圳市律师协会．粤港澳大湾区的法律体系构建［M］．北京：法律出版社，2019.

［46］中国人才创新创业优质生态圈评估研究课题组．中国人才创新创业优质生态圈发展报告（2019）—对北上广深杭（含一线城区）及粤港澳大湾区的第三方评估［M］．北京：中国社会科学出版社，2019.

［47］任颋，杨鋆嵩．粤港澳大湾区创业生态报告2019［M］．北京：企业管理出版社，2020.

［48］彭辉．知识产权制度比较研究［M］．北京：法律出版社，2020.

［49］彭绪梅．创业型大学的兴起与发展研究［D］．大连：大连理工大学，2008.

［50］罗增庆．地区经济一体化与粤港澳税收合作研究［D］．长春：吉林大学，2013.

［51］李琴．优化创新创业环境的政府行为研究［D］．成都：电子科技大学，2018.

［52］董璐．H集团香港公司跨文化冲突及对策研究［D］．昆明：云南财经大学，2020.

致　　谢

本书是基于 2019 年广东省省级科技计划软科学项目《粤港澳大湾区青年大学生创新创业法律机制研究》的研究总报告与决策参考报告撰写而成的，同时融入了近年来我国青年创新创业政策环境的最新发展成果。

本书的顺利完成，首先要感谢广东省科技厅、广东省教育厅、广东金融法治创新研究院的资助与支持。同时，感谢参与项目组研究的所有成员，包括陈昕、何小姬、王楚云、陈晓锋、雷芳琳，他们付出了辛勤的劳动和智慧，为本书的顺利完成提供了坚实的基础。

在本书的撰写过程中，特别感谢广东金融学院金融投资学院与法学院的本科生陈芷晴、江智健、邓斯楚、韩广誉、罗欢欢同学，他们在调查问卷的发放、资料整理等方面付出了大量的努力。

在此，我衷心感谢经济科学出版社的何宁主任，她在过去三年中一直给予我坚定的鼓励与支持。何主任对本书的出版倾注了大量心血，她严谨的工作态度令我深感敬佩，正是有了她的付出与努力，本书才得以顺利问世。

感谢家人的付出与理解，他们的无私奉献和支持是我坚持不懈、勇往直前的动力源泉。在我繁忙的工作和学术研究中，他们始终是我最坚实的后盾，让我能够全身心地投入到研究和写作中。

《青年大学生创新创业政策环境挑战与对策——以粤港澳大湾区为例》一书，旨在为广大读者，特别是身处粤港澳大湾区的青年大学生群体，提供一份详尽而深入的政策环境剖析。本书期望通过此分析，帮助青年大学生们在创新创业的征途中，更有效地应对各类挑战，并精准把握潜在的发展机遇。我热切期望，本书能成为青年大学生们在创新创业道路上的有力助手与指南，为推动粤港澳大湾区的创新创业事业添砖加瓦。

王晓宇

2024 年 4 月